捨てる勉強法
試験は参考書の3割で一発合格できる!
Study method to throw away
並木秀陸
Hidetaka Namiki

明日香出版社

はじめに

今、日本で1年のうちに何らかの資格・検定に挑戦する人は、国民の10人に1人、年間1000万人超といわれています。

しかし、価値の高い国家資格になると、合格できる人はわずか10％前後にすぎません。実に約90％の受験者が、一発合格できず、何度も再受験を繰り返す結果となってしまっています。

ということは、ほとんどの方が合格できず、悔しい思いを噛みしめているということになるわけです。

すごく努力されている方も、ほんの**あと1歩のところで、合格に手が届かない……**。

では、なぜこのように何度も落ちてしまう人が多くいるのでしょうか？

それは、この多くの不合格の方々が、何度落ちてもあきらめないという能力の高い人である反面、試験に落ちてしまった根本的原因に気づいていないからなのです。

その原因として、もっとも大きい理由は、次に集約されます。

●「培われた勉強法」と「資格試験に一発合格するための勉強法」の違いに気づいていない！

私は、数多くの受講生に対して資格試験の受験指導をしてきたなかで、まさにこの点に尽きると気づきました。

まず、学生の勉強法のようにただ漠然と資格試験の勉強をしても、合格までの時間がかかるばかりで、最終的に合格できる保証もありません。

では、合格するための勉強法とは、どんなものでしょうか？

一言でいえば、合格に必要のない、無駄な習慣や知識を捨てて、憶えるべき暗記量も減らして、効率よく点をとるための勉強法です。これをすることで、短期間で合格水準以上の点をとることが可能となります。

しかも、この勉強法は、どんな方でもどんな国家試験でも、応用の利くものです。

私自身、多くの国家試験に挑み、この勉強法で短期間で一発合格を果たしました。

そして、講師業務を開始して以来、受講者は延べ17万人を超えました。講義時間は年間1500時間以上、通算1万8000時間以上の受験指導を通じて、数多くの受講者にもこの勉強法を教えて、一発合格に導き続けています。

本書では、学生だけでなく、本業を持つ社会人や、多忙な家事やパートの合間に勉強をしようとする主婦、そして、あきらめずに何度も落ちてしまっている悩める読者が、**あっという間に一発合格できる勉強法**を紹介しています。

合格という目標から逆算し、必要な知識、解法テクニックを見極めながら、不要なものをどんどん捨てることになりますので、いかに効率のいい勉強法であるか、実感されることになるはずです。

何より合格請負人としても、自信を持ってオススメできる勉強法ですので、是非とも実践していただきたいと思っております。

本書の勉強法を学ぶことで、悔しい思いをしている受験者が1人でも多く笑顔になれば、これに勝る喜びはありません。

平成28年1月

並木 秀陸

第1章

合格に必要なのは、正しい勉強法を身につけること

第2章

常識だと思っていることが、じつは間違いだらけ!?

第3章

一発合格するための『捨てる勉強法』【準備編】

第4章
一発合格するための『捨てる勉強法』【インプット編】

第５章

一発合格するための『捨てる勉強法』【アウトプット編】

第6章

これが試験会場で行う、一発合格する『捨てる勉強法』

第7章

一発合格した後に知っておいてほしいこと

カバーデザイン：デジカル　ISSHIKI

第1章

合格に必要なのは、正しい勉強法を身につけること

01

「足し算」的勉強法を捨てる

まず、合格に必要なことと不要なことが何であるかをお知らせする前に、知らず知らずのうちにあるものにとらわれてしまっているため、うまくいかない恐れがあります。

「もしかしたらあなたも⁉」

そう、洗脳されてしまっているといっても過言ではありません。

それは、ずばり「義務教育時代の勉強法」です。

義務教育時代の勉強法とは、教科書を最初から順にマスターしていかなければならないというものです。

その名残りから、多くの方は簡単なことからはじめて、わかるようになったら順々に難しいことに移るといったふうに、勉強を進めています。イチから知識を積み上げていくことから、この勉強法は「足し算」的とか、積み上げ式勉強法といわれています。

講師を長年やっていて、この勉強法を実践してしまっている受験生が、あまりにも多いことに驚きます。

こういう受験生は、まず『全部わからないと次に進めない』といった大きな不安を持ち続けてしまいます。さらには、この勉強法から抜け出せずに、やがて志半ばにして、挫折してしまうことが多いのです。

もちろん、数学などは、基本的公式などを覚え、順々に基礎から応用というように学んでいかなければならない学問です。

あくまで誤解しないでほしいことは、私は学校教育で推奨する勉強法が間違っているといっているのではありません。

しかし、少なくとも資格取得のための勉強をする時には、イチから積み上げなくてはという心配や思い込みは一切不要です。

なぜなら、資格試験合格のために必要とされる知識は、難度が低いもの、高いものという順序になっていないからです。

たとえば、法律系の試験でいえば、そもそも六法全書の法律の条文は、簡単な内容から難しい内容というような順序に並んでいるわけではありません。そして、ひとつの条文を理解しなければ、次の条文が理解できないわけでもありません。

逆に、先のことを知ってからでなければ、今この部分がわからないという場合すらあります。

にもかかわらず、学んでいることがわかるまで先に進まないというふうに考えてしまうと、いつまでもすべてを学び終えることなどできません。

さらに、ひとつ大事なことをお伝えします。

それは、あなたが学者になるための勉強ではなく、あくまで**目指す試験に一発合格するための勉強をするのであれば、すべてを学び終える必要なんてない**、ということです。

というわけで、合格するために、刷り込まれ、洗脳されてしまった「義務教育時代の勉強法」を、捨てる覚悟を持ってください。

合格

学校教育の勉強法と試験に合格するための勉強法はまったく別物！

02 「全部わからなければ進めない」という思い込みを捨てる

さらにここで、洗脳されてしまった「義務教育時代の勉強法」を、しっかり割り切って捨てるために、いうなれば洗脳を解くために、少し詳しく説明します。

この積み上げ式教育に洗脳されている方というのは、どうしても『全部わからないと次に進めない』という思い込みが強い。じつは、このタイプというのは、多くが完璧主義者でもあるのです。

誰だって、せっかく勉強するならば、完璧にしたいと思うのは当然ですし、その気持ちはわかります。完璧主義は悪いことではありませんが、資格試験の勉強では、**完璧主義は美点というより、むしろ欠点**になり合格が遠のくことになります。

完璧主義者は基本的に真面目で努力家、とても丁寧に物事を行う一方で、

・何事もキッチリしないと気がすまない
・あらゆる面にこだわり、優先順位をつけられない

という面があります。

資格試験の勉強においても、細かい部分に入り込んで時間を使いすぎてしまったり、ほとんど点数にならない部分を一生懸命に勉強したりすることになりがちです。

これでは多くの時間がかかってしまううえに、**重要箇所もそうでない箇所も、同じように扱ってしまう**ことになります。

そのせいで試験日までに、勉強が間に合わないなんてこともありえます。

私は、試験勉強というのは、テレビの連続ドラマのようなものだと、講義の際に話をします。最近のドラマは、よく練り込んであって、伏線という謎が仕込まれています。その時は意味がわからず、つい続きが気になるものです。そして、最終回まで見ることで、やっと全体がわかるというような構成になっています。

もしも、途中で見るのをやめてしまえばそれまでですが、たとえ何話かを見逃がしてしまっても、何とか最終回まで見ることで全体がわかることだってあります。

これは試験勉強においても同じです。

まず、細かいところは気にせずに、わからない部分は思い切って飛ばしてみます。その時わからなくても、最後までたどり着くことで、今までわからなかったところがわかるようになることもありますし、そこからもう一度最初に戻ってみることで、わかるようになることもあるのです。

ですから、試験勉強については完璧主義に進めようとするよりも、むしろ、**とりあえず試験範囲を最後まで見ること**が大事なのです。そうすることで、やっと全体が見えてくるという面があります。

「いやいや、そんなことはない。完璧主義の何が悪いんだ」

たとえ多くの時間がかかったとしても、最後まで試験勉強をしていくということであればとめません。しかし、弊害は出てきます。それは、おのずと試験においても満点をとらなければという気持ちになるということです。

これが簡単な試験ならそれでもいいのですが、難しいといわれる価値のある試験の勉強で完璧主義を発揮しようとすると、ほぼ間違いなく途中で挫折してしまいます。

よく考えてほしいことは、あなたが資格試験の勉強をする目的は、何でしょうかということです。

もちろん、それは合格すること。

あくまで「合格点をとる」ということですから、決して、満点をとる必要はないのです。

詳しくは別の項でお話しします。

その目指す試験で「合格点をとる」ためには、完璧主義にこだわることをやめて、**合格するための優先順位をつけなければならない**ということをお忘れなきように！

期限内に一通りゴールまで行くことが大事！

その時、わからなくてもとにかく次に行こう！

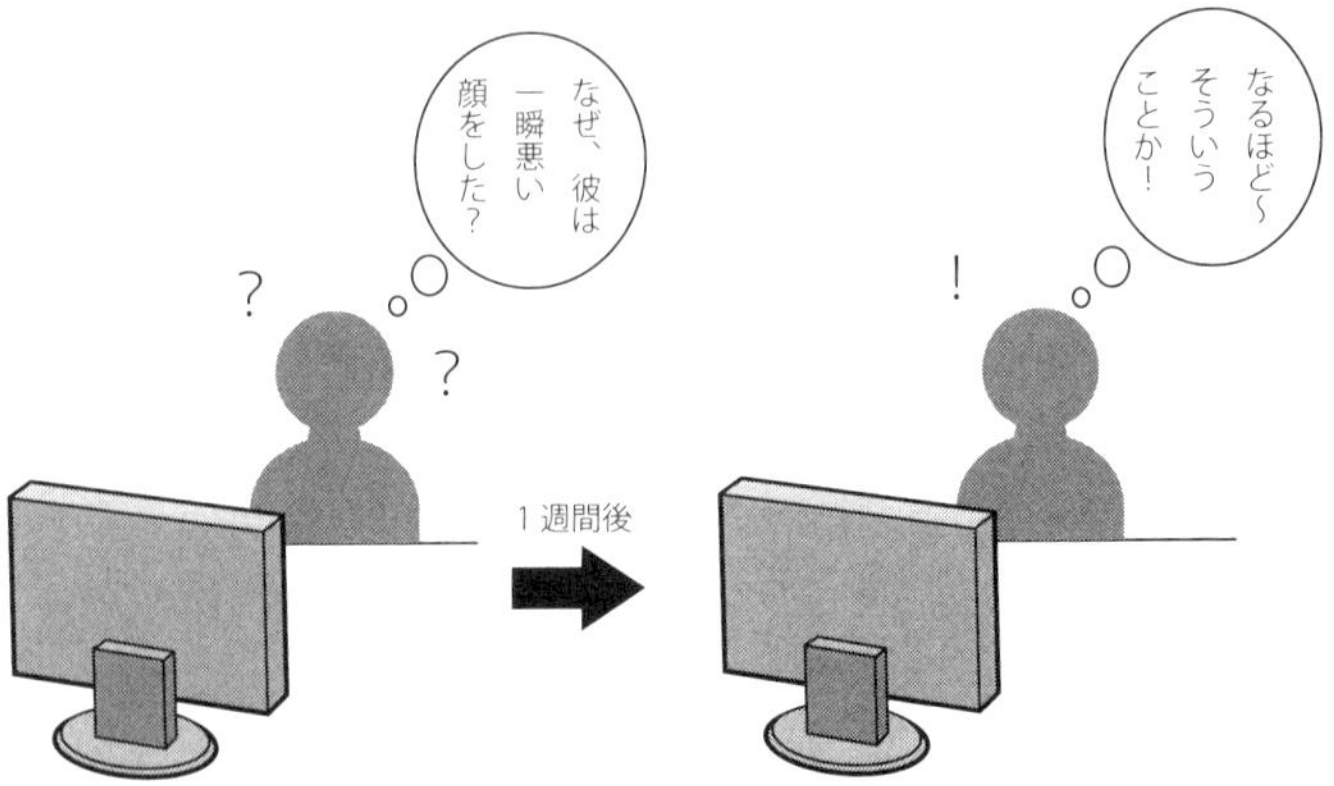

ＴＶドラマのように、後で謎が解けることもある！

03

「足りないピース」を探せ！

麦わら帽子をかぶったキャラクターが、「海賊王に、俺はなる！」という決めゼリフをいう漫画を知っていますか？

モンキー・D・ルフィを主人公とする海洋冒険ロマンの漫画『ONE PIECE』（尾田栄一郎　集英社）は、平成9年から絶大な人気ですね。しかし、いまだに「ひとつなぎの大秘宝（ワンピース）」が何かということが、明らかにはなっていません。

さて、あなたも同じように、合格するためには、別のワンピースを集めなければなりません。資格試験に合格するための勉強というのは、イメージでいえば、ジグソーパズルのようなものなのです。

風景、動物、絵画、アニメなどの絵柄になるように、すべてのピースを組み合わせることができれば、完成だということはわかると思います。

それに対して、義務教育時代の勉強法というのは、積み上げ式。それは積み木のようなものと考えてください。一段一段積み上げていくことで、それこそ見上げるほど高く積み上げることもできるかもしれませんが、限度がないわけです。

しかし、パズルであれば、はじめから50ピース、100ピース、1000、2000というように、完成させるまでのピースの数が決まっています。

ゴール（完成）イメージが見えていて、はまっていないピースもすぐにわかりますね。

資格試験に合格するための勉強とは、イチからパズルをつくるというよりも、その人によって、**足りないピースをはめていくパズルのようなもの**だと考えてください。

その人によってというのは、合格に必要とされる知識の全体量と、すでにその人が身につけている知識の量に違いがあるためです。

いい換えると、試験勉強とは、**試験合格に必要なレベルと、自分の持っている能力とを比べて、足りないピースを探して、はめていく作業**にすぎないということです。

さらに国家試験というものも、出題範囲とされているすべての科目が一見バラバラなようでも、それぞれに凸部または凹部があって、すべてがかみ合うようになっているのです。

ですから、義務教育時代の勉強法から抜け出せない人の多くが、やみくもに記憶偏重の勉強をしているため、遠回りになってしまうのです。

ですが、あなたは本書で、身につけるべき知識のゴールや目標を正しく設定することができるようになります。

だからこそ、**遠回りせずに近道できるようにもなるのです。**

そして、麦わら帽子をかぶる必要はありませんが、「合格者に、俺はなる！」っていうように、最初の段階では『足りないピースを探す』つもりで勉強を進めていくようにしましょう。

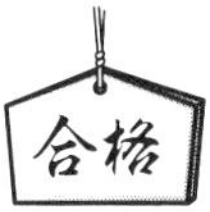

足りない知識の穴を補えば、必ず合格できると考えよう！

試験に合格するための勉強はジグソーパズルのようなもの

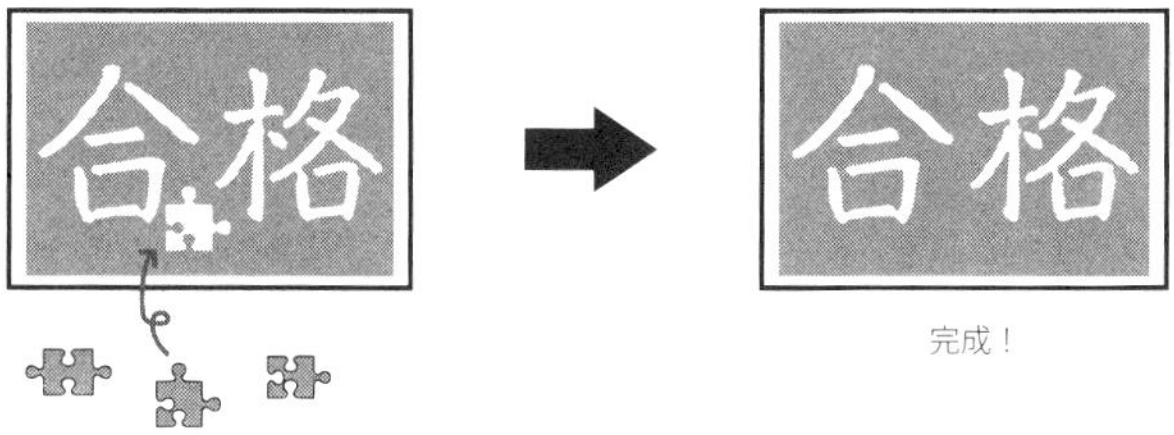

不足している部分（弱点部分）を
補って完成させるイメージを持とう！
余計なピースは無視してＯＫ！

完成イメージがあれば、
何のピースが欠けているかわかる！

合格するために、何のピースが欠けているかを把握する！

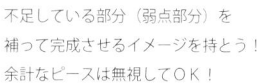

04 失敗した原因をつかめ！

すでにお話ししたように、価値の高い国家資格になると、合格率は10％前後しかありません。

ここでいう価値の高いというのは、もちろん合格率が低い、難しいといわれているものです。

合格率が高い試験というのは、簡単に手に入るということから一見魅力を感じるかもしれませんが、合格した後に、まったく意味がない、無駄なものにしか思えないことがほとんどです。

最近では、スマホなどのゲームが流行っています。そこで、たとえるなら簡単に手に入るカードより、レアカードといったなかなか手に入らないカードを持っているほうが、価値が高いということと同じようなものです。

しかし、スマホのゲームであれば、課金をしたり、そのゲームに長時間費やすことで、レアカードを手に入れることができるかもしれません。

その点からすれば、価値のある資格を手に入れることとは、もちろん違います。

お金を出せば何とかなるものではないからこそ、価値があります。

だからこそ価値のある資格は、プライスレス。

そういった資格であるからこそ、試験に合格したいと目指す方が多いのです。

しかし、何といっても価値のある資格試験においては、ほとんどの方が合格できず、悔しい思いを噛みしめています。それだけに留まらず、さらには何度も不合格となる人が多いのが現実です。

思うに、この何度も不合格となる人というのは、あきらめないという能力がとても高い人です。しかも、まじめであり、努力を積み重ねて、勉強を続ける人だということですから、素晴らしいとは思います。

その反面、何度落ちても疑問を抱かない人だということにもなるわけです。

不合格の理由を「努力不足」の一言で片づけてしまい、試験に落ちてしまった**本当の原因に気がついていない人は少なくありません。**

では、試験に合格できない理由は何でしょうか？

決して努力不足などではありませんし、社会や世の中、まわりのせいでも、頭が悪いなどでもありません。

もしも、あなたがすでに受験したことがあって、残念な結果になった原因が、「本気ではなかった」ということだけならば、プロテニスプレーヤーである松岡修造さんの「日めくりカレンダー」でも購入して、毎日を応援してもらうというのも、ひとつかもしれません。

ただ、試験に合格できない理由の多くは、学生時代の試験勉強法と、資格試験に合格するための勉強法の違いに気づいていないこと、そして、何より「自分にあった勉強法」を見つけることができていないことに他なりません。

悔しい思いを経験したならば、その悔しさだけは、あきらめない気持ちとともに積み上げてください。

そして「努力不足」として片づけるのではなく、従来式の勉強法を捨て、あなたが目指す試験の合格に必要な**「自分にあった勉強法」を見つけ出すようにしましょう。**

合格

失敗の原因を努力不足と早合点しないこと！

05 あなたに一番あった勉強法の見つけ方

世の中には多くの勉強法があふれています。書店に行けば勉強法の本が並んでおり、予備校に通っていれば、多くの勉強法を知ることができるとは思います。

たとえ、あなたが多くの勉強法を知ったとしても、実際に、すべての方法を試すことなど到底できないし、するべきではありません。

すべてを試すなんて「効率が悪い」の一言に尽きます。

ましてや、現実に、「この勉強法がもっとも優れている」という確証もないわけです。

これは、いくら医学が発達した現代においても、「かぜの特効薬」がないのと似ています。

多くの勉強法の効能は、薬局で市販されている総合感冒薬、いわゆるかぜ薬のようなものだと考えてもらいたいのです。

かぜ薬の効き目については個人差があるということ、また逆に、その薬が自分にあっていないということになれば、じんましんやらアレルギーすら引き起こす危険だってあります。

となれば、個人差、つまり人によって違うということであれば、自分にあっていないものを選ばないように気をつけなければなりません。

そこで、たとえば、あなたがかぜをひいたかもという場合に、「本当に早く治したい」と思えば、ほとんどの方が薬局ではなく、病院に行くことを選ぶでしょう。

その場合でも、病院に行き、単に「かぜで具合が悪い」というだけでは、医者がどのように治療すればいいか判断がつきません。それどころか、効果的な薬を処方することもできないことになりますよね？

「とりあえずお薬出しておきましょう。しばらく様子を見て治らないなら、また来て」

医者もこういうふうにしか、いえないでしょう。

このように医師免許を持つ専門家であっても、その人に一番あった治療法を選ぶためには、より具体的な症状や原因を把握することが必要なわけです。

であれば、あなたは自分にあっていないものを選ばないように、より具体的に何がどう具合が悪いのかを把握することが必要なのです。

すでにお話ししたように、資格試験に合格するためには、まずは義務教育時代に染みついた勉強法を割り切って捨てることです。

さらにあなたが、より具体的に何がどう具合が悪いのかを把握できるように、詳しくは第2章において、こういう勉強のやり方はしないほうがいいということをお話しします。

それを手がかりに、無駄なことをつきとめて、**しっかり自分にあった勉強法を見つけてください。**

自分にあった勉強法とは何かという点を明らかにしないままでは、効率のいい、確実な勉強法が明らかになるわけはありません。

ですから、勉強方法についても、**自分にあったものを見つけるためには、まず合格に不要なことが何かを把握すること。**

それが、『合格に必要なものは何かをしっかり逆算して考え、無駄を徹底的に排除する』ということであり、自分に一番あった勉強法を見つけるということになるのです。

合格

今のあなたが合格に必要なものは何かを考える！

06

資格試験でじつは、「素養」を試している

司法試験や司法書士、行政書士、社会保険労務士、宅建士試験など、いわゆる「士業」といわれる資格試験は、よく実務家登用試験といわれています。

だからといって、本当に試験に合格したら、すぐに実務家としてバリバリ仕事ができるのかといえば、実際は難しいです。

まぁ、試験によっては合格後に、別途実務研修というものがあるものもありますが、結局は自分で実務を学んでいくことになるわけです。

ですから、こういった試験というのは、**実務家としての「素養」を試される試験である**というほうが適切ではないかと思っています。そもそも実務家というものが何者かといえば、辞典などでは、「実際の具体的な仕事、実際の事務を要領よくこなすことにたけている人」というような意味とされています。

つまり、この試験はあくまで実務家に関係のある試験であって、実務を**「要領よくこな**

すことにたけている人」が合格することができる試験だといえるのです。物知り博士や、クイズ王のように、より多くのことを知っているかどうかの試験ではないと心得てください。

ですから、要領よくこなすことができるかどうかも試されているのです。

「要領よくといわれても、自分は要領がいいほうではないな……」

むしろ、こう思っている人のほうが多い気がします。

しかし、あなたは今までにまわりの人を見て、「要領が悪いなぁ」と感じたことがあるはずです。

どういう人かといえば、「それって、本当に必要あるの？」と思われることをしている人。

ですから、本来の目的を達成するために、**「やるべきこと」と「やらないこと」の取捨選択が上手であれば、要領よくこなすことができる**ようになるわけです。

大事なことなので、まとめます。

資格試験というのは、知識量で合格が決まるというものではなく、とにかく少しでも多くの知識を頭に入れておかなければならないわけではないのです。

もしもあなたが、合格するためには、より多くの知識を身につけなくては、という考えを持っていたのなら、このことを知ったことで、少しは気が楽になったのではないでしょうか？

あらためて後述しますが、じつは、あなたが目指す試験において、合格するための知識量というのは、実際に**実務家になった時に、『最低限、知っていなければならない知識』で充分**なのです。

そして、**合格するためには、「要領よくこなすこと」が必要**なのだということを、今は覚えておいてください。

本書のやり方をとり入れれば、要領よくこなすことができるでしょう。

知識量よりも要領を覚えよう！

07

17万人に教えてきた「捨てる勉強法」

資格試験というのは、とにかくたくさんの知識を頭に入れて、満点を目指すものではありません。**トップで合格しても、ギリギリで合格しても、同じ合格**です。

その試験に合格するための、合格点さえとれればいいのです。合格に必要なことがわかれば、あとは不要なことを徹底的に削ればいいだけなのです。

まず、何をやるということだけでなく、何をやらないかということにも注目しましょう。

やらないことが何だかわかりますか？

それは、すでに身についている知識や技術は、勉強しなくてもいいということです。

つまり、合格につながる試験勉強をするには、**自分が足りないものだけを鍛えればいい**ということなのです。

たとえ、いくら試験に出るとしても、あなたがすでに身につけているのならば、繰り返し勉強しても能力が上がるわけがありません。

でも、誰しもが、すでにできているものを繰り返し勉強してしまうんですよね。おそらく、もう忘れてしまっているかもしれないという不安があるからでしょう。

さらに理由はそれだけではなく、本当のところは、もうわかっていることを勉強しているだけでも、『自分は勉強をしている』という気になれるからかもしれません。

ですが、あくまで試験勉強というのは、試験を突破するための勉強です。

そして、人によって、身につけていることには違いがあるため、**試験勉強は、人それぞれ違っている**ということになるのです。

もちろん共通する部分はありますが、すべての人がまったく同じ勉強スタイルで合格しているわけではないのです。**合格者の数だけ、試験勉強法がある**のです。

「捨てる勉強法」とは、あなたにとっての『合格に必要なものは何かをしっかり逆算して考え、無駄を徹底的に排除する』ことで、一発合格できるメソッドなのです。

あなたにとっての、合格に必要なことと、不要なことが何であるかを把握することが、自分に一番あった勉強スタイルを見つけるための第一歩なのです。

自分に一番あった勉強のしかたを見つけるのが合格への第一歩！

第２章

常識だと思っていることが、じつは間違いだらけ！？

01

「ストレスのない勉強法」を捨てる

書店に行けば、勉強法の本で、楽々だとかサルでもわかるといった手軽さで、ストレスすら感じないように思わせるものもあります。そういうものに魅力を感じることがあるかもしれません。

一般的に「ストレス」と聞くと、「よくないもの」「避けるべきもの」というイメージがありますし、ストレスを抱え込みすぎないことは、もちろん大事なことです。

しかし、「楽々合格法」が本当にあるとしたならば、世の中の人すべてが合格できてしまいますし、そもそも誰でも合格できてしまうような試験なのかもしれません。

あなたが、資格試験を合格したいと思ったり、何かをやり遂げようという目標を持った時など、新しいことへの挑戦には、必ずストレスが伴っています。

そして、あなたにとって、それは**感じるべき「とてもいいストレス」**ですから、安心してください。

すぐにイメージできると思いますが、体を鍛えるトレーニングとある意味一緒です。強い刺激を与えすぎてしまえば筋肉は破壊されますが、適度に刺激を与えれば筋肉は鍛えられます。逆に、刺激を全然与えなければ筋肉は弱ってしまいます。

カリフォルニア大学バークレー校の研究でも、ある程度ストレスをかけたほうが、大脳の働きも上がって能力も上がると、発表されています。

じつは、気づいていないかもしれませんが、あなたのように資格試験を合格したいと考える人には、**ストレスを上手にコントロールできる能力が他の人よりもある**のです。

あなたのまわりにもいませんか？

どう考えてもそんな余裕を持てる状況ではないのに、その日さえ楽しければ、今さえ楽しければと、先のことを考えずに目標もない人。

たしかに見ようによっては、ストレスなんてない、もしくはストレスから逃げているような人。

人生をただただ面白おかしく生きようとする人もいるだろうし、そういう人は、おそらく変わろうなどとは考えないものです。

そういう人であれば、そもそも今より上を目指そう、何かをやり遂げようという目標を持つことすらないわけです。

そのような人と比べると、明らかに、あなたとの違いがありますよね？

ちなみに、どんな分野でも、その分野で活躍している人、あるいは成功できる人というのは、ストレスをコントロールする素質を持っているそうです。


それでは、その素質を持っているあなたが「いいストレス」を、さらに上手にコントロールできるようになり、確実に合格するためには、どうしたらいいのでしょうか？

それは、筋肉を鍛えるトレーニングと同じように、合格するための勉強についても**「ちょっときついなぁ」というレベルの方法をとることが効果的**なのです。

あくまでも、過度ではなく、「ちょっと」です。

少々のストレスは、合格するために欠かせないもの！

02

「満点を狙う心意気」を捨てる

１００点のテストで、70点だったと聞くと、すごいと思いますか？

ほとんどの方は、まあまあ、ボチボチという印象で、フェイスブックで「いいね！」と躊躇せずに押せるかといえば、あやしいのではないでしょうか？

たしかに、一般的にいえば試験というものは、１００点とか、満点がいいものと思うのかもしれません。真面目で、優秀な人ほど「70点なんてちょっとなぁ」なんて思うものです。

しかし、もしも資格試験で満点を目指すような勉強をするとなると、それこそ重箱の隅を楊枝でほじくるかのようなことまで、すべてを完璧にしなければならなくなります。率直にいえば、その域に達するのは至難の技といえるでしょう。

まず資格試験というのは、試験範囲とされていることが非常に広範囲におよんでいます。

その広い範囲をすべてとなれば、そもそも今年の試験日までに、その範囲の勉強を終えることすら無理ということになります。

さらに満点を狙うような勉強をしてしまうと、必要とされる知識もあやふやになり、結局、時間の無駄遣いに終わる危険すらあります。

しかも、資格試験は年々難しくなっています。毎年のように法改正があり、最新の改正についても必ず知っていなければなりません。

そもそも、この試験は現実の社会でその資格を活かせることが前提でつくられているわけです。合格するには、改正についても勉強しなければならないのです。

このことからも、すべて完璧にすることが絶対に無理だということがわかってもらえたと思います。

そして、もしも、ひとりよがりな勉強方法をとれば、いつまでたっても合格できないようにも思えたのではないでしょうか?

何も試験に合格するのをあきらめてもらいたいのではありません。満点を目指せば、そのせいで自分が苦しんでしまうことにも気づいてほしいのです。

じつは、**満点をとらないと合格できないという国家資格試験は、ひとつもありません。**

３割間違えてもいいという気持ちでいよう！

国家資格試験の最難関といわれる司法試験でさえ、短答式試験に合格するためには7割。いってしまえば、満点ではむしろ3割が無駄なのです。

試験に合格するためには、合格点さえとればいいのです。だから、すべての知識を暗記したり、理解したりする必要はないということにもなります。

ほとんどの国家資格についても、おおよそ**7割の得点をとることで合格できる**ようになっています。したがって、極端にいえば、**3割は間違えても解けなくても、合格できる**ということなのです。

もちろん満点を目指すという意気込みは、すばらしいことではありますから、それは間違いではまったくありません。

しかし、本書は70点を見た時でも、躊躇せずに「いいね！」と思えるようになり、徹底的に無駄を排除することで、あなたが効率よく合格してもらうために書いています。

くれぐれも絶対に満点を狙うような勉強のやり方はしないでください。

03

「参考書に書かれてあること、すべて理解」を捨てる

年に1回おこなわれる価値のある資格試験の問題というのは、どんな人が作成しているか知っていますか？

国家試験ともなれば、当然ですが、国家公務員、学術研究者としての大学教授、そして弁護士などの専門家が、かなりの大人数で試験委員会というような組織をつくり、作成しています。もちろん、問題の漏えいなどで、試験の公正が害されることがないように数年ごとに委員の入れ替えなどがおこなわれています。

では、どのように問題を作成しているのでしょうか？

一般企業であれば、時代の変化やニーズに応えられるようにしていこうなんてことがありますが、何といっても国が行う試験ですから、基本的な問題の傾向は変わりません。

しかも試験の問題を1年に1回だけしか作成しないのですから、原則として前例主義で

あるほうが効率もよいはずです。つまり、似通った出題の傾向、問題の問われ方ということにもなるわけです。

さて、少し話は変わりますが、試験日に受験生が受験した後に、一般的に予備校の講師は何をしているのか、わかりますか？

試験後、すぐにその年の本試験の問題を手に入れて、いち早く解答出しという作業になります。

じつは、試験実施団体からの解答と合格発表が、何カ月も先になっています。そこで解答速報をどこよりも早く、正確に出すことに意義があります。次の試験にむけて残念だった受験生を講座に勧誘するために、この作業をするのです。

そして長年この解答出しをして、使用した参考書のどこが必要だったのか、不要だったのかを問題に照らしあわせてみてきたことで、気づいたことがあります。

資格試験というものは、じつに**参考書全体の３割**、参考書に書かれてあることの３割で、**試験の７割以上が得点でき、合格できる**ということです。

本当なのかどうかは、あなたが目指す試験、どの年度でもいいので本試験問題について、参考書のどこがわかっていれば、各問題の正解を選ぶことができたのかを試しに調べてみてください。受験生であれば、当然、勉強にもなります。

ただし、これが判断できるようになるには、それこそある程度の力がついていなければなりませんから、ぜひ直前期にでも試してみてください。

ところで、私の場合、自慢っぽくなってしまうのですが、多くの国家試験に一発合格しているだけでなく、その合格したほとんどの資格の講義を担当することもできています。

さらには毎年、たくさんの模擬試験も作成しています。

参考書の３割をつかめば合格できる！

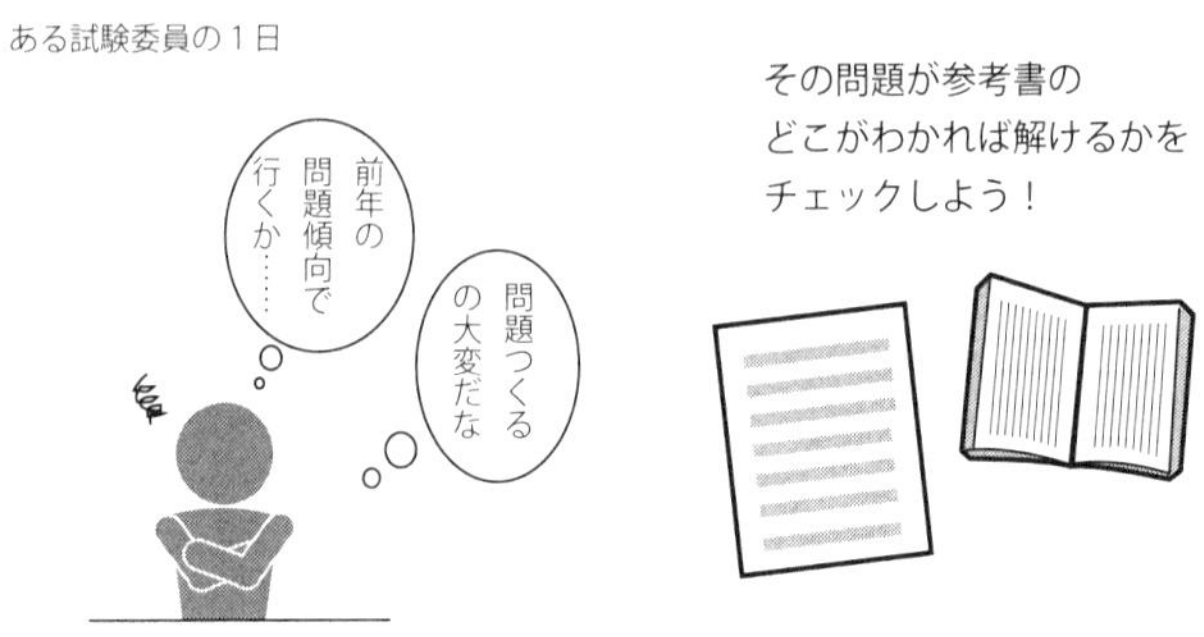

ある試験委員の１日
前年の問題傾向で行くか……
問題つくるの大変だな
その問題が参考書のどこがわかれば解けるかをチェックしよう！

その３割をしっかり答えられるようにしよう！

そして、この試験に合格させるための講義、合格できるようになる模試の問題を作成するということは、優秀で賢い試験委員たちとの、いわば知恵比べに勝たなければばらないということです。

それは、まさに絶対に負けられない戦いがここにもあるということ。

そのためには、その試験の過去のデータと傾向も熟知していなければなりません。

しかし、多くの模擬試験を作成してきて、作成者側の感覚も備えられるようになっている私にとって、本試験の日というのは、ひとつの満足感を得られる日にもなっています。

つまり、ここでいいたいのは、「前例主義」で問題を作成していることに気づき、しっかり対策を練ることが大事ということです。

参考書の3割しか問われていない！

04

「1日何時間勉強するルール」を捨てる

勉強をはじめる時、計画を立てようとする人がいます。

たとえば、1日に1時間、何時から何時とかいうような計画を、本気で考えているならば、それは間違いです。

子供時代というのは、大きくなったら野球選手、サッカー選手、パイロット、医者といった夢を持つものです。しかし時間というのは無情ですから、すぎ去ってみれば、その夢は夢のままという人のほうが多いものではないでしょうか？

もちろん、実際にかなえられる人は、ごくわずかだとしても、その夢を持った時から、必ず1日1時間でもかかすことなく、やり続けられた人であれば、いつかその夢を叶えることができるのかもしれません。

ですが、試験に合格することは、そんな夢と同じではありません。**いつか叶えられるなんて、悠長に構えているようでは、合格は夢のまた夢**ということになってしまいます。

「どんなに忙しくても1日1時間」という計画を立てようなんて思っているのなら、やめておきましょう。必ず無駄になります。

すると、「じゃあ1日何時間ぐらい勉強すれば合格することができるのか」と思う人もいるかもしれません。

私も、受講生から、1日何時間ぐらい勉強すれば合格できますかといった質問をされることがありますが、そんな時はおふざけ半分で「まだ、あなたのことをよく知らないから、わからないよ（笑）」と答えてあげます。

たとえば、友人から「東京から大阪に行きたいんだけど、何時間かかる？」と質問されたとしたら、一般的には新幹線をイメージしますから2～3時間と答えると思います（新幹線のぞみによる所要時間は現在2時間22分）。

しかし、もしも飛行機、車、自転車、徒歩というように、交通手段が違っていたとすれば、かかる時間は当然違うことになるわけです。

つまり、試験に合格するレベルまでに到達する時間ということについても、同じことで、その人がすでに持っている能力によって、当然違うことになるというわけです。

ですから、試験勉強については、1日に何時間と決めるのではなく、まずは合格すると決めること。それを達成するためにはどうしたらいいかを考えて、**そのために使える期間から計画を、逆算して考えていかなければならないのです。**

たとえるなら、１００万円を目標に貯めると決めても、現在の貯金額によって、あといくら貯めれば１００万円になるかは、その人によって違いますし、期間によって貯め方も変わります。だとしても、１００万円貯めるということが目的なのですから、１円だろうが10万円だろうが、自分の都合に合わせてできる時に貯金していけばいいというイメージで、合格するための勉強をしていけばいいのです。

ただし、原則があります。

①本試験の１カ月前までに合格のレベルに達するようにしたほうがいいということ
②合格に必要なレベルと、自分の能力を比べて、足りない部分を割り出すこと

この２つだけ、今はお伝えしておきます。

もちろん本書において、詳しく書いてありますので、楽しみにしていてください。

ゴールから逆算して、合格に必要な時間を試算する！

05 「試験直前までに合格のレベルに達する目標設定」を捨てる

これから試験に合格しようと思っている人にいうのも何ですが、よく試験勉強をするためには、まずは目標設定をすることが大切であるといわれます。

たしかに目標がなければ方向性やら到達点が見えず、どうすればいいかがわかりません。

だから、よく目標は明確に設定して、やるべきことを決めて、ひとつひとつをクリアしていけばいいといわれています。

しかし、それでも目標というものは、達成できないまま終わってしまうことが多いのではないでしょうか？

もちろん、何となく設定した目標では、まず達成できないことは確実ですので、**「合格できたらいいな」ではなく、「合格する」と決めること**は当然ということにはなります。

では、どうすれば目標を達成することができるようになるのか？

人は目標をつくると、意識していようがいなかろうが、その目標の範囲内でしか力を発揮できないものなのです。だから、その天井である目標を達成することができない場合が多いのです。さらに、あまりにも目標が高すぎると、挫折しやすくなるものです。

このように目標を設定しても、なかなか達成できないということがわかっているのならば、少しハードルを上げた目標をあらかじめ決めておけばいいのです。

だからといって、目標とする資格試験について、さらに難しい試験を目標にするということではありません。期間についてのハードルを決めればいいのです。

私の講義では、本試験の1カ月前までに合格できるだけの範囲が必ず終わるスケジュールになっています。もちろん受講生は、試験前日まで勉強を続けることにはなりますが、仮に1カ月前であっても合格できるようにするのが理想です。

これは合格をするためのひとつの大きな〝仕掛け〟でもあるのです。

たとえば、オリンピックで銀メダルをとった選手が、はじめから銀メダルを目標にして、練習していたと思いますか？

当然、1位である金メダルを目指して練習していたはずです。むしろ銀メダルを目指していたならば、その銀メダルすらとれなかったかもしれません。

だから、本来の目標を達成することができていないとしても、金メダルを目指して練習していたからこそ、銀メダルがとれたとも考えられます。

「あぁ、あと1カ月あれば合格できていたよ」

試験が終わった後で、残念な結果になってしまった受験生はこう、よくいっています。

もしそれが本当であれば、まさに目標の設定が間違っていたということなのかもしれません。本当にあと1カ月あれば合格していたのであれば、試験日よりも1カ月前に合格できるようにしておけばよかっただけです。

なので、せめて試験に合格するためには、**試験の1カ月前には合格できるようにするという少しハードルを上げた目標を設定**しましょう。

目標を達成するためには、その目標よりも少しハードルをあげて設定しなければならないのです。

試験1カ月前には合格できるようにするという目標を立てる！

06

「経験値を上げるために過去問を解く」を捨てる

「試験に合格するためには、過去問が大事！」

受験生にとっては、耳にタコのようなフレーズです。しかも、世の勉強本はどれを読んでも、どこの予備校講師でも、バカのひとつ覚えのように必ずといっていいほど、「過去問を完璧になるまでやりましょう」と推奨しています。

たしかに、過去問とまったく同じ問題しか出題されない、合格することに価値すら感じないような試験もありますから、そういう試験であれば、まさにその通りです。

そういうこともあってか、ほとんどの受験生がいわれなくても、当然に過去問をやるということだけはわかっています。もちろん、合格するためには、過去問が大事ということに、間違いはありません。

しかし、これでは、過去問を「やる」こと自体が目的になってしまうことが多いように感じます。

そして、もしも、ただ過去問をやることが大事だというように思わせてしまっているのならば、これは教える側、指導する側に問題があるということになり、いかがなものかということになるわけです。

私は、講師でもありますが、従業員を雇い会社を経営しているため、従業員教育も仕事のひとつということになります。

そのような人材育成においても、特に近年、「経験さえ積ませれば人は育つ」といった論調が増えています。

しかし、これは間違いです。

ドラゴンクエストなどのロールプレイングゲームのように、経験値を増やせば、自然と小気味のいいサウンドが流れてレベルアップできるようなものではないし、そういったゲームの世界と勘違いしているのではないのかとすら思えます。

経験の力を過信するべきではありません。

うまくいかなかったことが続くと逆効果になりかねません。

なので、経験さえ積めばというのではなく、経験する側が、そこから何を、どう学ぶかが必要だということなのです。これは「過去問が大事」というものにも通ずるものがあります。

あくまで、過去問を「やる」ことで合格できるものではなく、**過去問から何を学び、どうすれば合格できるかを割り出すこと**こそが大事なのです。

では、まず過去問から何を学ぶかということですが、おおまかに2つあります。

1つ目として、試験傾向。

過去問というのは、あなたが合格できるかどうかを最終的に決める試験実施団体側が作成した問題であって、その団体から出されている唯一の情報といえます。

だから、予備校の模擬試験や市販の問題集よりも、何よりも的確に試験傾向をつかむことのできる素材なのです。

たとえば、その試験が、

・単に「正しいもの・誤ったものを選べ」という問題の出題が多いのか

・個数や組み合わせのように少々考えさせる問題の出題が多いのか

・問題文は長いのか、短いのか

など、どんな出題の傾向なのか、どんな言葉を使ってくるのかを確かめます。

２つ目は、自分に足りない能力。

過去問を解けば、本試験で要求される能力がどれほどなのか明確になります。そのうち、自分に不足している能力が何かもはっきりします。その自分に足りない力をつけていくことが大事です。

というように、合格するための試験勉強において過去問が大事なのは、過去問から知識以外にも学ばなくてはならないことがあるからなのです。

過去問、問題演習から学ぶべきことがわかれば、次に、どうすれば合格できるかについてということになるのです。詳しく、第５章でお話ししていきます。

合格

過去問から学ぶことは知識だけではない！

過去問から何を学ぶか？

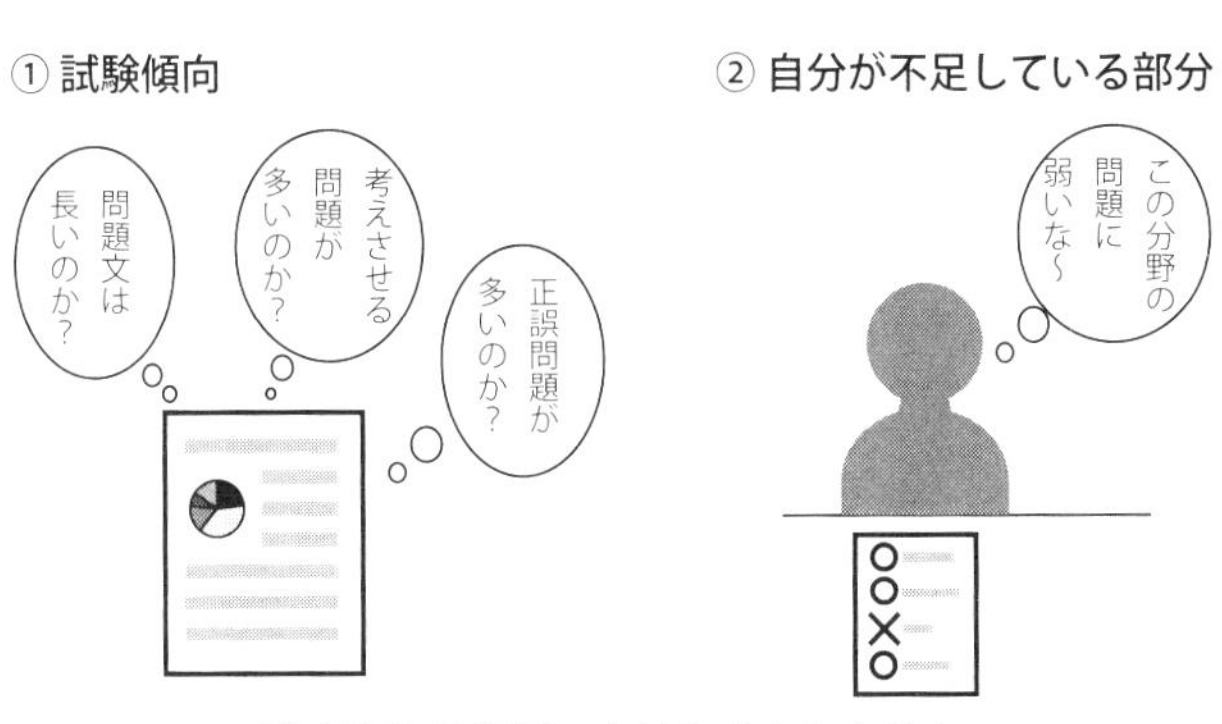
① 試験傾向
問題文は長いのか？
考えさせる問題が多いのか？
正誤問題が多いのか？
② 自分が不足している部分
この分野の問題に弱いな～

過去問から学ぶことはたくさんある！

07

「部屋での勉強」を捨てる

勉強するためには、勉強場所がものすごく大事です。

ここでは、勉強場所をどうするか、について考えてみましょう。

試験本番については、基本的には静かな環境の下で行われます。

ですが、試験日までの勉強スタイルが、いつでも静かな環境を見つけ、そこで集中しなければと考えると、なかなか勉強ができません。

だから、試験勉強をするにあたっては、なるべくどんな環境でも、どんな場所でも勉強ができるようにしておく必要があります。

場所にこだわる必要がないだけでも、無駄なことを排除し、勉強の効率化や勉強の量を増やすことになるのですから、アドバンテージがあるといってもいいかもしれません。

ただし、やはりはじめはうるさかったり、まわりが動いていたりすると、なかなか集中できないものです。だから、環境に応じて勉強のやり方を変えてください。

まず、全体を把握するという勉強は、いわば読書同然と考えます。移動中であろうが、どこであろうが、ところかまわずできるのならば、読書として楽しんでやってください。あくまで**覚えようなんて思わないことが大事です。**

次に、問題を解くのは、まわりに誰も人がいないほうがやりやすいのかもしれませんが、むしろ本試験会場と同様に、できればまわりに人がいる環境のほうがいいでしょう。

理想とすれば、静かで、まわりの人も勉強しているような環境です。

予備校の自習室や図書館といったところでしょうか？

もちろん、なかにはスタバのようなおしゃれなカフェでも、ファストフード店やファミレスなどの喧騒のなかでも、気にならずに問題を解くことができる人もいるでしょう。そんな特技をお持ちの方は、かなり試験勉強を優位に進めることができるでしょう。

ただし、絶対覚えなくてはならないという**暗記をする時だけは、人の声が聞こえない場所**を選んでください。

人間の脳は無意識のうちに、言葉を解釈しようとしてしまうため、他人の会話や、歌手の歌、テレビの音声などが余計な情報として、暗記しようとする脳の働きを邪魔するからです。

私の受験生時代の勉強スタイルを紹介しましょう。

私は近くのショッピングセンターの屋上駐車場に車を停めさせてもらい、景色を眺めながら、のんびり車のなかで読書や覚えなければならない暗記をしていました。

部屋で勉強するとなると、そこにあるさまざまな誘惑から逃げなければなりません。それに、エアコンや照明などの電気代だってかかるわけです。

だから私は、図書館や、天気のいい日は公園で、よけいな出費をおさえた、無駄を徹底的に排除したスタイルで勉強していたのです。

さらに、試験日が近くなり、試験勉強をしなきゃいけない**最後の重要な追い込みの時期につ**

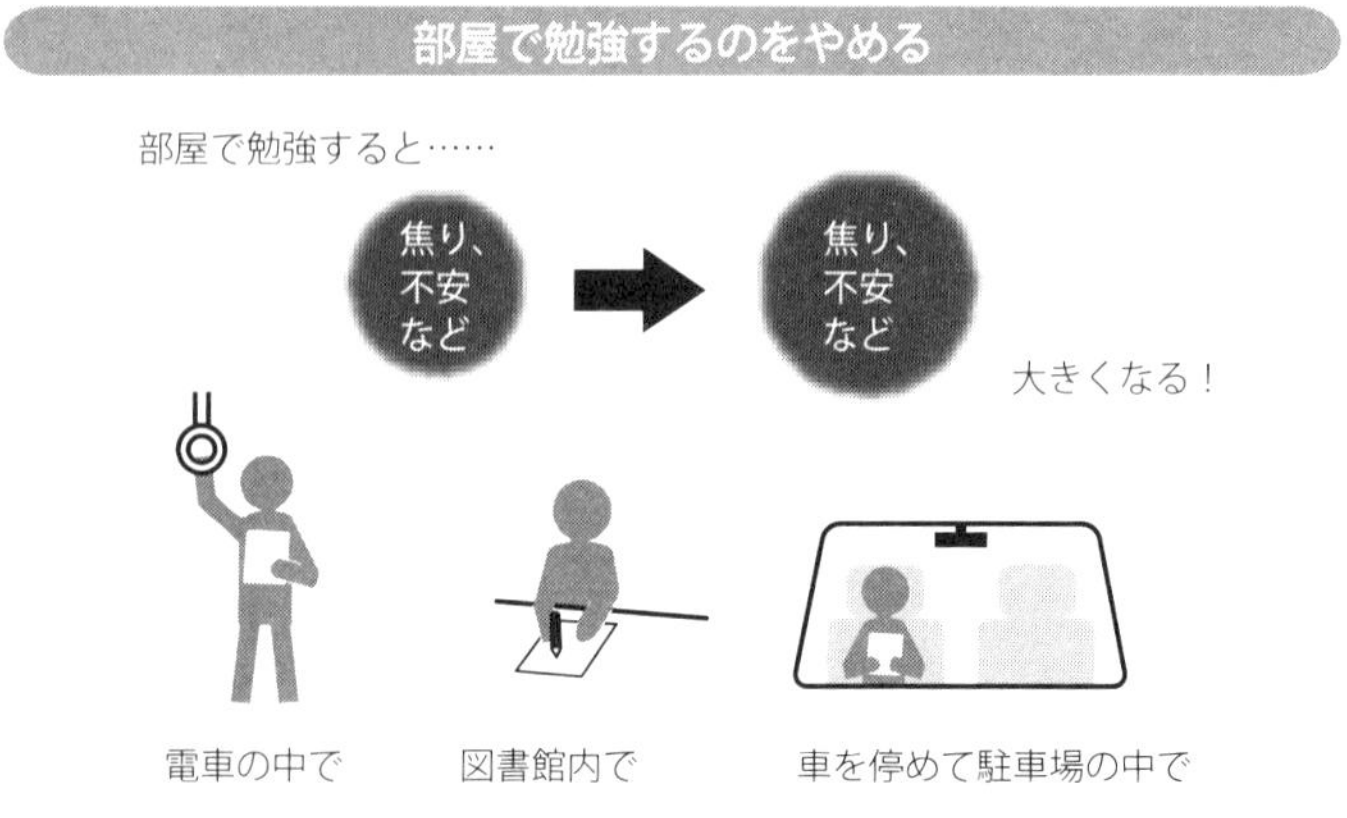

部屋で勉強するのをやめる
部屋で勉強すると……
焦り、不安など
焦り、不安など
大きくなる！
電車の中で
図書館内で
車を停めて駐車場の中で

いろいろな場所で勉強をしよう

いても、部屋で勉強しないことです。

これは非常に大事な原則です。

受験生の定番で、不安な気持ちや緊張、焦りから、逃げたくなって無性に部屋の掃除をしたくなるということがよくいわれます。こういう深層心理に陥らないためにも、部屋での勉強を禁止とするのです。

このように、部屋で勉強しないと割り切ることが試験合格のために役立ちます。

勉強の種類によって場所をチェンジ！

08

「授業の内容をノートにとる」を捨てる

みなさんの学生時代を思い出してください。

教科書とともにノートを用意していませんでしたか?

そして、授業の際に、教師が黒板に書いたことを書き写したり、重要だと思うことをそのノートに書いていたことでしょう。

このノートをつくることが勉強の基本であるという勉強法を刷り込まれている受験生がとても多いことに驚きます。

ノートをつくることは、たしかに学生時代の定期試験においては、正しかったのかもしれません。

なぜなら、定期試験というのは教師が授業で説明したことしか出題されませんし、ノートに書いた知識を再現するだけで解ける問題がほとんどだったからでしょう。

だから、授業の内容をしっかりノートにとって、それを完全に暗記すれば、定期テスト

で満点がとれることになり、テストで結果が出れば、勉強をきちんとしたことになってい
たはずです。

逆に、教師が授業で説明したことを意味も考えず、写経のようにノートに写したり、ノー
トをカラフルに色分けして、びっしりとつくりこんではみたが、1回見ただけでおしまい
という人もいます。

まわりの人が見れば、パッと見では勉強をたくさんしているようにも見えるのですが、
悲しいことに、さっぱり力がつかないという人もいたのではないでしょうか？

こういう人たちは、「ノートに書く」という作業に時間をとられてしまい、それだけで
目標を達成した気分になりがちです。

勉強をしている気になっている部分が大きく、手間がかかるわりに能力が上がらない方
法をとっていることに気づいてほしいです。

もし、ノートをつくるのであれば、自分が何のためにノートをつくるのかを考えなければなりません。

そうしないと、勉強をした気になっているだけで、能力はまったく上がらない結果となっ
てしまうのです。

実際、資格試験は、ノートに書いた知識を再現するだけで解けるような問題は出ません。教師が授業で説明したことしか出題されないというわけでもないのです。

だから、**ノートをつくるだけでは、試験問題は解けるようにならない**ということです。

ノートをつくることに時間をかけるよりも、むしろ、資格試験において一発合格するために、絶対にノートはつくらないと決めたほうが得策です。

しかも、本屋さんに行けば、自分でつくるよりよっぽどきれいでわかりやすく要点がまとまった市販教材が山ほどあるのですから……。

効率よく資格試験に合格するためにも、学生時代に刷り込まれた習慣にとらわれて、ノートをつくってはいけません。

ノートをつくる時間を徹底的に省くこと！

第3章

一発合格するための『捨てる勉強法』【準備編】

01

試験時間や問題配点から合格法を割り出そう

国家試験というものは、その名前の通り、法務省、総務省、厚生労働省、国土交通省等という日本の行政機関が管轄しています。そこから委託されて実際には、試験センターというような団体が実施していたりもします。

まずは、その資格試験に興味を持ち受験しようと考えたならば、最初に見るべきものが受験案内。どちらにしても試験についての受験案内は、無料で誰でも簡単に手に入れることができます。

この受験案内には、試験日、受験資格（ほとんどが誰でも受験できるようになっているが、要件があるものもある）、受験料、試験内容などが書かれています。

もちろん正式なところが発表しているものであるため間違いがありません。

そこで、とくに**「試験日」「試験時間」「合格基準点」**の3つについては、**あなたが合格を割り出すためにも、しっかり確認**しなければなりません。

①「試験日」について

国家試験となればほとんどが年に1回、日曜日に行われるようになっています。そして受験しようと思った時から、試験までにどれぐらいの期間があるかによって勉強できる期間がおのずと決まってしまいます。受験申し込みも早ければ２カ月前に締め切られてしまいますから、短い人だと勉強できる期間は２カ月なんてことに。そして、逆に、ギリギリ申し込みできなかった人であれば14カ月ということになります。

②「試験時間」について

多くの試験は2時間～3時間というものが一般的ではありますが、午前の部、午後の部と合わせて5時間を超えるような試験もあります。どちらにしても、試験までに、２時間以上集中力を維持できるようにしなければなりません。

そして、何より問題数から**1問を解くために、どれだけの時間を使えるのかを割り出す**必要があります。

たとえば、試験時間が2時間で、問題数が50問という試験であれば、１問あたり２分24

秒で解かなければ、全部の問題を解くことができないということがわかるはずです。

③「合格基準点」について

これは大学入試における各科目に定められた基準点のようなもので、いわゆる足切り点です。試験においては、これで大幅にふるいにかけると想定してください。

ほとんどの試験は、受験した科目の合計点で合否を決定するのではなく、科目合計の点数が合格点に達していたとしても、ひとつでも**基準点に達していない場合、不合格にする判定方法**をとっています。つまり、全体で何点というよりも先に、どこかで基準以下の点数になれば採点自体されなかったり、いくら合格者よりもトータルでの点数が高くても不合格になるというシステムなのです。

しかし、受験案内には、記述式や択一式、午前の部、午後の部、科目ごとなど、それぞれごとに合格基準点が定められていることだけ記載されている場合はあっても、明確に何点とれれば合格ということは記載されていません。

受験案内を手に入れたら、この3つは必ずチェックしよう！

02

価値ある資格試験は、落とすための試験だと割り切ろう！

試験実施団体側は、試験終了後の受験者の点数分布などの集計データによって、その試験のレベルに応じた合格率を維持し、合格者数を絞り込もうとします。だから、合格基準点が何点であるのか明記されていないのです。つまり、その年度ごとに合格基準点は独自に設定されるものだということがわかります。

このシステムについて詳しくお話ししたのは、まず「敵であるその試験が何のための試験か」ということを知らなければならないからです。何のための試験かという点を明らかにしないままでは、効率のいい勉強法が明らかになるはずがないからです。

この合格基準点というものが、あらかじめ点数について明記せず、ふるいにかけるということからしても、**資格試験は明らかに、いわば「落とすための試験」**だということがわかるはずです。

だからといって、これは、残念な結果になった時に、「仕方がない。だって落とすための試験なんだから……」という慰めのフレーズに使ってもらうために伝えているわけではありません。

何がいいたいかというと、こんなイメージです。

たとえば、宝箱を獲得するために、必ず通らなければならない道の途中、大きな落とし穴があるとします。少なくとも、その道を通る前に落とし穴の存在に気づく必要がありますよね。

それと同じです。「落とすための試験」だと知り、落とし穴は何かをつかまなければなりません。そして、まんまとその落とし穴に、はまらないような勉強をしていくのです。

そこでまず、合格基準点というものが定められている試験については、その基準点をつかむ必要があります。

しかし、試験実施団体からの受験案内では、目安となる点数が明らかにされていません。そのため（前年度分であれば合格基準点の点数がホームページ上で確認できる場合もある）、やはり、これは事前に予備校などから情報を集めて、**必ず過去5年分ぐらいの合格基準点の推移を調べておきましょう。**

そして、おおよその目安となるように、具体的な点数まで調べておく必要があります。

調べてみれば、わかることではありますが、ほとんどの試験において、合格基準点は7割前後になっています。だからといって、調べないなんてことではなく、必ず自分で調べてください。

すると、資格試験というのは、とにかくたくさんの知識を頭に入れて、満点を目指すものではないことが明らかになります。

いかがですか。少し肩の荷がおりたでしょう。

たとえ満点で合格しても、基準点ギリギリで合格しても、同じ合格。その試験に合格するためには、じつに**合格基準点さえ超えればいい**だけなのです。

あくまでも合格すればいいのですから、そのために合格基準点を、しっかり割り出しておきましょう。

各項目の合格基準点をつかもう！

03

「彼氏彼女は1人までの法則」で、割り切る

「合格するためには、どんな参考書を選べばいいのか?」

よくこういう質問を受けます。

ここでのお話は、予備校に通われている方であれば、読み飛ばしてもかまいません。通っている予備校の講座で、使用しているテキストだけで充分ですから、わざわざ参考書選びなんてことは、まったく必要ないはずです。

といっても、予備校の講師のなかには、やたらと講座で使用している教材以外に、親切からか、「他社のだけど、こういう参考書を買うといい」とか、いろいろ紹介してくれる書店販売員のような方がいたりします。

その場合であれば、ここの話も少しは役に立つとは思います。

ということで、まず「よし、合格をするぞ」と一念発起した時、最初から「オススメの参考書をたくさん読む」「問題集をたくさんやる」なんて焦ってはダメです。

「まずは形から」と、参考書や問題集を買い揃えることもやめましょう。宝の持ち腐れになる可能性大です。

これまで資格試験の勉強をしたことがなかった、もしくは試験勉強が続かなかった人の第一歩として、**まずは参考書を選ぶところからはじめること**をオススメします。

「参考書なんてまわりの友人が使って合格したオススメのものや、Amazon の口コミ評価がいいものを、ネット注文して買う」

こんな声もありますが、そんな簡単に参考書を決めることで合格できるのであれば、それこそ楽なことはありません。それはまさしく合格できてしまう魔法の参考書か何かに違いありません。

それに、よほどのものでなければ、正直市販されているどの参考書を使ったとしても、ほとんど変わりません。

なぜなら資格試験の参考書というのは、その試験で出題範囲とされる法律の条文などをベースに内容を作成していますから、もとは一緒なのです。

つまり、市販されているものであれば、どの参考書もあくまで合格するための必要充分な知識を網羅しているものなのです。

「だったらなんで参考書を選ぶの？」と思うかもしれませんが、それには理由があります。なぜなら、最初に勉強をはじめる時の能力に、ひとりひとり個人差があるからです。そして、その参考書の書かれ方についても、わかりやすいと感じるかどうかにも違いがあるからです。

もしかしたら、本試験の日まで合格に向けて、苦楽を共にしていくことになるかもしれないわけですから、相性がいいものを選んだほうがいいに決まっています。

もしも彼氏彼女を選ぶとしても、性格がいい、優しい、ルックスがいいというようにまわりの友達に薦められたとしても、それだけでつき合うことはしませんよね？

実際、1冊の参考書をとことん使い続けたほうが何冊も浮気するよりも、実力がつきます。各分野1冊で充分です。あなたも相性のいい参考書に出会えれば、ずっと使い続けられるでしょう。

ですから、実際に書店で並んでいるものをいくつか読み比べてみて、自分にとって読みやすく、わかりやすく感じたものを選ぶことが大事です。

そうすると、納得できる説明が書いてある本がどこかで見つかります。

もちろん使っていくうちに、やっぱり違うなぁと思うことがあるかもしれません。だからといって、何冊も使い分けるということはせずに、その時には割り切って、あらためて相性重視で選ぶところからはじめましょう。

読みやすく、わかりやすく感じるかという、あくまで主観的に行うのがベストです。真剣に選んでください。

もしも、次にまた違うなんてことになるようであれば、もはや相性のいいものが選べないということかもしれません。そうはならないよう気をつけましょう。

それだけ、参考書選びは重要なのです。

合格

参考書選びは真剣に！

参考書は１冊にしぼる！

参考書選びのチェックリスト

- ☐ ＷＥＢ書店のレビューに惑わされていないか？
- ☐ 友人や他人の意見に惑わされていないか？
- ☐ 実際に書店に行き、手にとってみたか？
- ☐ 解説が自分にとってわかりやすいか？
- ☐ 読みやすくできているか？
- ☐ 難しい用語・解説に、図が入っているか？
- ☐ 試験日まで共にする覚悟ができたか？

参考書は１科目につき１冊と決めよう！

04

まずは1冊の参考書を読む前に、決めておくべきこと

資格試験に合格するための勉強については、第1章でパズルのようなものであるとお話ししました。イチからパズルをつくるというよりも、その人によって、足りないピースをはめていく作業だと。

たとえば、大学の授業で学んだことや、社会人として業務で学んだこと、もちろん初めて勉強するという人もいると思いますから、単なる知識ということについてであっても、それぞれ身につけていることが違うわけです。

だから、合格に必要とされる知識の全体量と、すでにその人が身につけている知識の量に違いがあるため、合格に必要だけど不足している知識を割り出すことが必要になるのです。

そこで、まず誰もが勉強というと、参考書を読んで勉強することが基本的な方法になっていることだと思いますが、ここでもやはり工夫が必要になるわけです。

初めて勉強をする人にとっては、いきなり参考書を読んで勉強をするという方法は、なかなかうまくいきません。小説や漫画を読むこととは違うため、最初こそなんとか読み進めていくことができるのでしょうが、しばらくすると挫折しがちです。

では、どう読み進めたらいいのでしょうか。２つのポイントをつかんでおきましょう。

①最初に全体のページ数を見て、１日に読むべきページ数を決める

このときのページ数は、かなり多めのほうがいいと思います。１日分の目安は、全体の５〜10％ほどです。

たとえば、社労士用の参考書はおおよそ７００ページほどですので、35〜70ページが１日分の目安ということになります。仮に、５０００ページを超す参考書でも５〜10％読むのを実践してください。

②短期間で読み飛ばす

１冊の参考書を読むのに何週間もかけていてはいけません。

そうなると速読の技術でも身につけなければならないのかと思うかもしれませんが、そ

の必要はありません。

参考書というものは、合格するために必要な知識だけがまとまっているわけではないのです。その試験科目について、全般的な知識を基本から応用にいたるまで、網羅的にできるだけ、すべて説明するように書かれているものです。

つまり、**合格に必要な情報と、そうでない情報とをきちんと分けてあるわけではない**のです。

だから、とくに初めて勉強する人にとっては、参考書の知識の要不要の判断ができません。その状態で参考書を前から順に読むと、試験合格にあまり必要がない知識まで、必要な知識と同じように勉強することになります。

これでは**必要な知識を充分に学ぶ時間を減らし、不要な知識を学ぶのに時間を消費してしまう**という無駄の多い勉強になってしまいます。

そのため、多めにページ数を決めて、「理解しよう」とか、「覚えなくちゃ」などという読み方は絶対にせずに、はじめから読み流すとか、読み飛ばすくらいの感覚でいいのです。

もちろん、多少の知識がある人であれば、自分が知らない知識だけを素早く拾い読みしたほうが効率はいいということになりますが、初めて勉強する人であれば、そこまで気負う必要はまったくありません。興味のあること、わかることから読んでいきましょう。そうでない部分はどんどん先に飛ばします。

それこそ寝っ転がって、週刊誌や漫画のように、好きなものだけ読んでみるのでもいいのです。

すべてを読み終えることが目的ではなく、まずは全体像をつかむことが大切なのです。

そして、「どんなことを勉強していくのか」「どんなことが書いてあるのか」、これさえつかめるように、**参考書をざっくりと読み終えれば充分**なのです。

あくまで、わからないところや、気になるところがあっても、そこで立ち止まらずに、最後までたどり着くことです。

ざっくり一度全体を読み終えた後、もう一度わからなかったことを読むようにして、どんどんわからないところを減らしていく。この方法が、限られた時間で一番大きな結果を出すための方法になります。

合格

短期間で参考書１冊を読み飛ばす！

05

上手に割り切った過去問とのつき合い方

「リバウンドを制する者は試合を制す！」

これはバスケットボールの世界でいわれた言葉。ＮＢＡでは、リバウンドの処理技術にたけた側のチームが、試合において勝つとされ、リバウンドの重要性を説く有名な言葉です。

日本でも実際に、漫画『ＳＬＡＭＤＵＮＫ』（井上雄彦　集英社）の登場人物、ゴリこと、赤木キャプテンが引用したことからご存知の人も多いのではないでしょうか？

これと同じようないい回しで、受験勉強に関しては「夏を制する者は受験を制す」という言葉があるように、資格試験においては、やはり**「過去問を制する者は、試験を制す！」**ということがよくいわれています。

この「制する」ということについては、本書のアウトプット編で詳しくお話ししますが、それよりも、ここでは勉強を進めるうえで、欠かすことができないのが問題集。

これについては、一般的に勉強をはじめようという段階、いわばまだ予備知識がない状態にもかかわらず、選ばなければなりません。

そういうことから、結果として、無駄に大量のテキストを購入してしまったとか、まったく使えない問題集を買ってしまったなんてことになりがちです。

だから、ここで適切に選ぶことができれば、合格に向けての強力な武器にもなりますが、誤った選択をしてしまうと、合格云々の前に受験するかしないかというぐらいの分岐点にもなりかねません。

さらには貴重な時間とお金を無駄にしてしまうことになります。

「おいおい、最初からハードルが高いなぁ」

そう感じるかもしれませんが、すでに参考書についてはお話ししたように、大事なのは相性。

問題集選びについては、やはり過去問ということになります。

「過去問なんて、どれも一緒でしょ？」

まず過去問というものは文字通り、その試験の過去の問題を収録しただけの問題集なので、どれを選んでも同じではないのかと思われるかもしれません。

もちろん、ありのままというのもありますが、それはそれで問題があります。

たとえば、日本の歴史についても、年号暗記の定番だった蘇我入鹿の暗殺事件は「大化の改新」ではなく、「乙巳の変」。鎌倉幕府が成立した年を、「イイクニつくろう」で1192年と覚えていたのですが、今では違う年になっています。

こういった学生時代に学んだことも情報が改められているように、法律というものはもっと頻繁に改正されるものなのです。

ですから、いくら過去問といえども、今では違ってしまっている情報を身につけてしまうことになりかねませんので、少なからず改正情報に対応しているものを選ぶほうが望ましくなります。

過去問集の問題部分についていえば、ありのままかどうかということですが、それよりも重視すべきは解説部分。この解説部分こそが、その問題集によって、もっとも異なっている部分になりますから、いくつかの問題集の同じ問題に対する解説を見比べることをオススメします。

その際には、きちんと解説が載っていて、関連する判例や解き方について丁寧に説明されているもの、そして何より**参考書と同じようにわかりやすいと感じる**ものを選んでください。

いくらわかりやすいとはいえ、答えの正誤だけしか載っていないようなものではありません。

次に、書店に並んでいる過去問というのは、問題の掲載方法が大きく分けて「年度別」と「分野・項目別」の２つになっています。

「年度別」というのは、平成27年度、平成26年度、平成25年度といったように、年度ごとの問題をそのまままとめて掲載しているタイプ。

一方の「分野・項目別」というのは、憲法、民法、刑法といったような分野ごと、さらに

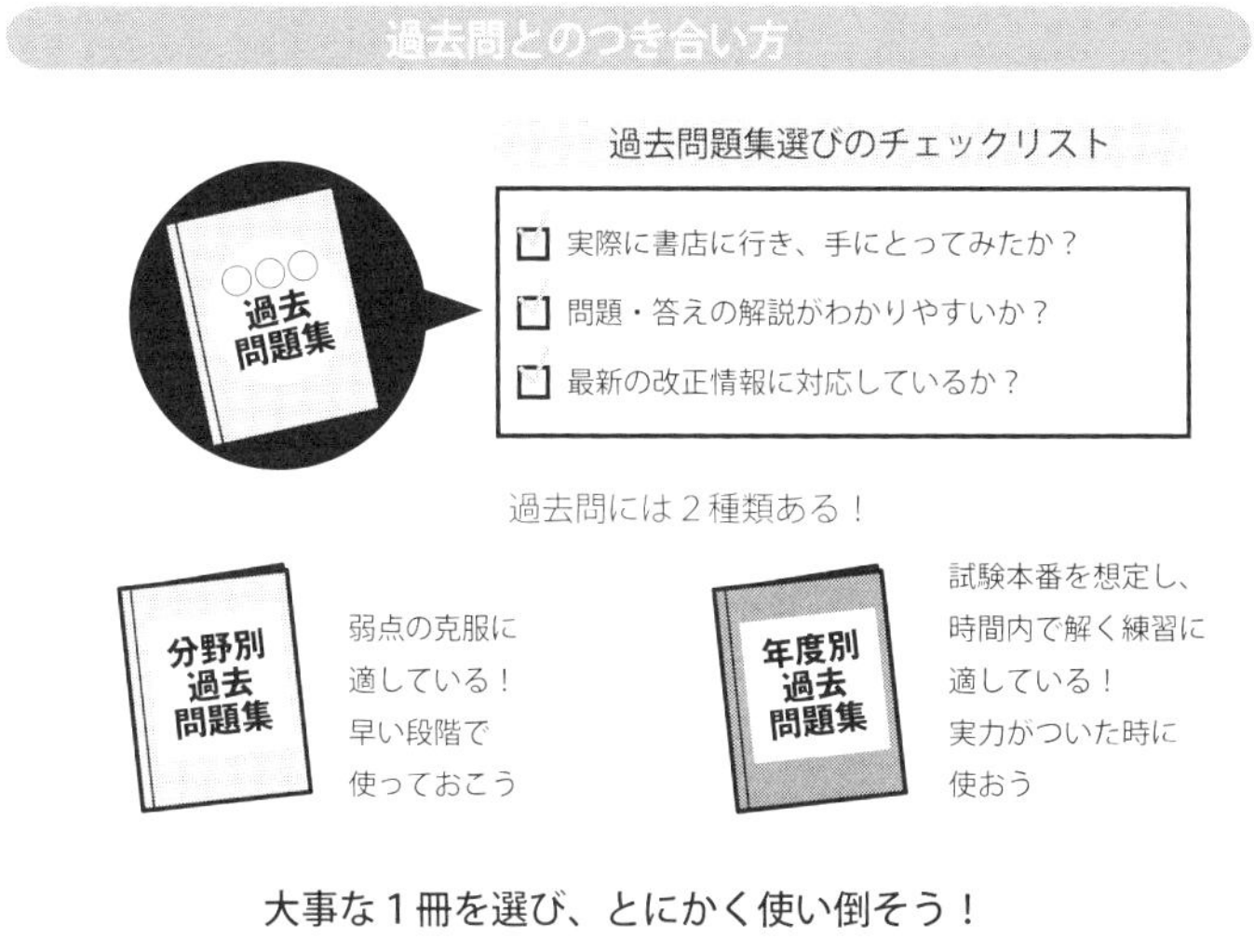
過去問とのつき合い方
過去問題集選びのチェックリスト
○○○
過去問題集
実際に書店に行き、手にとってみたか？
問題・答えの解説がわかりやすいか？
最新の改正情報に対応しているか？
過去問には２種類ある！
分野別過去問題集
弱点の克服に適している！早い段階で使っておこう
年度別過去問題集
試験本番を想定し、時間内で解く練習に適している！実力がついた時に使おう
大事な１冊を選び、とにかく使い倒そう！

は憲法の人権、統治、民法の総則、物権、債権というように同じような項目ごとに、問題を並べ替えて掲載しているタイプです。

ここで直前期まで使うべき間違いのない1冊となるものを選ぶためには、年度ごとに問題が掲載された「年度別」ではなく、並べ替えて掲載している**「分野・項目別」の過去問を選ぶ必要**があります。

試験勉強を進めるうえで、強化するべき分野や項目という範囲を決めたら、その範囲の過去問を解くといったやり方が基本的な流れになります。そう考えると、「分野・項目別」を選んだほうが効率的なのです。

さらに「分野・項目別」に並べ替えて掲載されていることで、似たような問題が何度も出題されていることがいつのまにかわかるようになります。それに、そこが頻出箇所ということで、その試験において合格するために必要な知識であると、絞り込める可能性が高くなります。

それから、市販されている過去問のなかには、親切にも、その問題のレベルによって「易」や「難」といったように、問題の難易度が書いているものもあります。

そういった過去問を選ぶのもいいでしょう。ひとつの目安ですが、「難」がついていれば、わからなくとも仕方ないと思えますし、一方、「易」がついている問題は、必ず解けないといけないというような切迫感を持つことができますから、便利といえます。

では、「年度別」については、何のためにあるのかと思うかもしれませんが、こちらはある一定の能力をすでにつけた状態で利用したほうがいいものになります。

模擬試験と同じように、試験本番をイメージして、各年度の問題をその試験で決められた時間内に解く練習をする際に役立ちますから、直前期であれば無駄なものにはなりません。

ということで、この「年度別」と「分野・項目別」の2つについては、割り切ったつき合い方をしていきましょう。

合格

問題集も「分野・項目別」で解説がわかりやすいものを選ぼう！

06 「読む」・「折る」・「解く」の3分割ルール

司法書士試験を受験した時のことです。その試験会場で、やっと午後の試験が終了して、係の人が解答用紙を回収している最中に突如、悲痛な叫びが……。

「名前を書くのを忘れてしまったから、記入させてください。名前だけだから、お願いします」

このように年配の女性が懇願しているのを見たことがあります。

もちろん結末は、試験時間は終了しているのだから、もはや回収された解答用紙に名前だけであっても書くことが許されるはずはありません。

この試験については、午前午後と二部構成になっていて、長丁場でもあり、問題も多くの分野からの多肢択一、そして書式の記述になっています。

また、知識もさることながら、ほかの資格試験に比べて、かなりの事務処理能力が問われるため、何よりも時間配分の出来不出来によって、合格が左右するといっても過言ではない試験なのです。ですから、合格するためには、**知識以外にも身につけなければならないことがある**わけです。

もしかしたら、その女性受験生の尋常ではない粘り方を見る限り、名前を書くことができたならば合格していたのかもしれません。

しかし、たとえ名前だけであっても、試験時間内、いわば制限時間内に書くことができなければ、合格とはならないのです。

国家試験というものは、大人の試験ですから当然厳しく、時間についてもシビアなのです。このことについては、すべての受験生においても同じことです。

試験には制限時間があり、それを守らなければなりません。そして、**一発合格するためには勉強できる期間も、絶対に延長することはできません。**

なかには勉強だけをしていればよいという恵まれた環境の人もいるかもしれません。

ただ、小学校時代の夏休みの宿題を思い返してみてください。長い期間があるにもかかわらず、早めに宿題を終わらせているタイプよりも、結局は夏休みを楽しんだ後に、最後ギリギリになってからというタイプのほうが多いのではないでしょうか？

だから、余裕があると思っていても、結局は時間をすべて使い果たしてしまうなんてことがあります。

「仕事の量は、完成のために与えられた時間をすべて満たすまで膨張する」

これは、パーキンソンの法則といって、要するに人というのは、資源として与えられた時間などを使い切る傾向があるといわれています。

もしも、あなたに同じような経験があるのであれば、なおさらですし、職業、環境などによって置かれた立場がまったく違っていたとしても、勉強をしていくうえで、時間の管理ができることに越したことはありません。

そのためには、まず勉強を進めていくということが、どんな作業になるのかを把握することです。

まずは大まかにいうとすれば、**「参考書を読むこと」**と**「問題を解くこと」**の2つ。これは車でいうところの両輪です。だから、どちらかがなければ合格に向けて走り出すことができませんし、どちらかだけに偏ると効率があまりよくないということにもなります。

そして、このいわばインプットとアウトプットをバランスよくこなしていくために知っておいてほしいことがあります。

それは、その場その場で適当に判断するよりも、最初に大枠としての進め方について簡

単なルールを決めておけばいいということです。

その都度、臨機応変にということもいいかもしれませんが、それはあくまで応用力がついてからという話になります。

まずは基本スタイルをしっかり身につけるためのルールを持つことで、無駄に考えたり、迷ったりすることが確実になくなります。

では、そのルールを紹介しましょう。それは、「参考書を読む・わからないところは折る・過去問を解く」というものです。

もっと単純にいえば、**「読む」・「折る」・「解く」といった3つの作業**について、自分のなかに明確なルールを決めておけばいいのです。

制限時間を守れるようになるために、ルールを決めよう！

07 3分割ルールは、耳寄りな話

さて、試験に合格するための進め方として、「読む」・「折る」・「解く」という3つの作業としてとらえることで、勉強を進めていくことも、そう難しいことではないと思えるのではないでしょうか？

ここからは、実際にどのように、この3つの作業をおこなえばいいのかをお話ししていこうと思います。

① 読む

「参考書を読む」について、最初は読み飛ばすぐらいでもよく、最後までたどり着くようにと、すでにお話ししました。少し復習しましょう。

もちろん読んでいると、どうしても気になったり、理解しづらいところが当然といっていいぐらいあるものです。

ですが、そこで、いちいち調べたり、悩んだりしません。

何より**参考書は**、いつでも**簡単な内容から難しい内容へというような順序で書かれているわけではない**のですから、読み飛ばして先のことを読むことで、理解しづらかったところがわかるようになることもあります。

だから、読んでいることがわかるまで先に進まないということでは、無駄に時間を使うことになってしまいます。

「1冊の参考書を読み終えるのに1カ月以上かかる」

こういった声をよく聞くことがあります。1カ月に1冊の参考書しか読めなければ、1年間で読める参考書は12冊にすぎません。

すると資格試験は、1年に1回であることが多く、さらに試験科目の多い価値の高い試験となれば、その時点で、もはや厳しいということにもなりかねないわけです。

だから、そのようなことにならないように、すべてを理解して読み終えることが目的ではなく、最初は**全体像をつかむことが大切**なのだと考えます。時間をかけずに、読み飛ばしてでも、どんどん進めてください。

そして、ざっくり一度全体を読み終えた後、もう一度わからなかったことを読んで、どんどんわからないところを減らしていくというようにすればいいのです。

しかし、そのためには、その部分の目印がないと、またイチから全体を読んだり、探したりしなければならなくなってしまいます。

では、どうすれば効率的かということで「わからないところは折る」ということになるのです。

② 折る

参考書を読み飛ばしていくうえで、わからないところや、気になるところがあれば、そこで立ち止まらずに、まずやることは**本の隅を三角形に少し折り返すこと**だけです。

これは後から振り返ってすぐにその箇所がわかるようにするためです。この耳を折るという方法がシンプルですし、耳を折り返すだけなら、マーカーやペンもいりませんし、定規もいりません。片手でできますので、読むという流れをストップさせる必要もありません。

どうしても、はじめはわからないところが、何か重要であるかのように見えてしまい、書き込みをしてみたり、むやみに蛍光ペンを使いたがるのですが、それは単なるカラフルな塗り絵をしているだけにしかなりません。この蛍光ペンを使いすぎるということも、ハイライト部分にしか目が行かなくなったり、目がチカチカするだけの恐れもあるので、いたずらにラインを引かないようにします。

きっと後から、それが無駄だったと気づくことになりますから、この耳を折るというドッグイヤーの目印をつけるだけにして、参考書をざっくりと読み終えるようにしてください。

そして、後から、もう一度わからなかったドッグイヤーのページを読んだ時には、もしかしたら理解できるようになっているかもしれません。その時に理解できるようになっていたのならば、折った部分を、もとに戻せばいいのです。その**折り目からわからないところを減らすことができたという実感も得ることができます。**

この「折る」ということは、参考書を読む時だけでなく、「過去問を解く」という時にも同様のことがいえます。

ちなみにドッグイヤーについてですが、問題集をいつまでもきれいな状態で使いたいという方、そして本を大事に扱うようにと教えられてきた方にとっては、どうも抵抗を感じるようです。

もしも、そのように感じる方であれば、問題集というものは、いわゆる本として大事に扱うものではなく、合格するための道具だと割り切ってください。小学校などの夏休みの宿題教材として出された練習帳や、繰り返しドリルと同じようなものです。

そして合格してしまえば、どうせ二度と使いません。

なので、問題を解く時にも、解けなかったとか、間違えたところについてはドッグイヤーをするようにしましょう。詳しくはアウトプット編でお伝えします。

合格

「読む→折る」の流れに統一すること！

3分割ルールの実践！

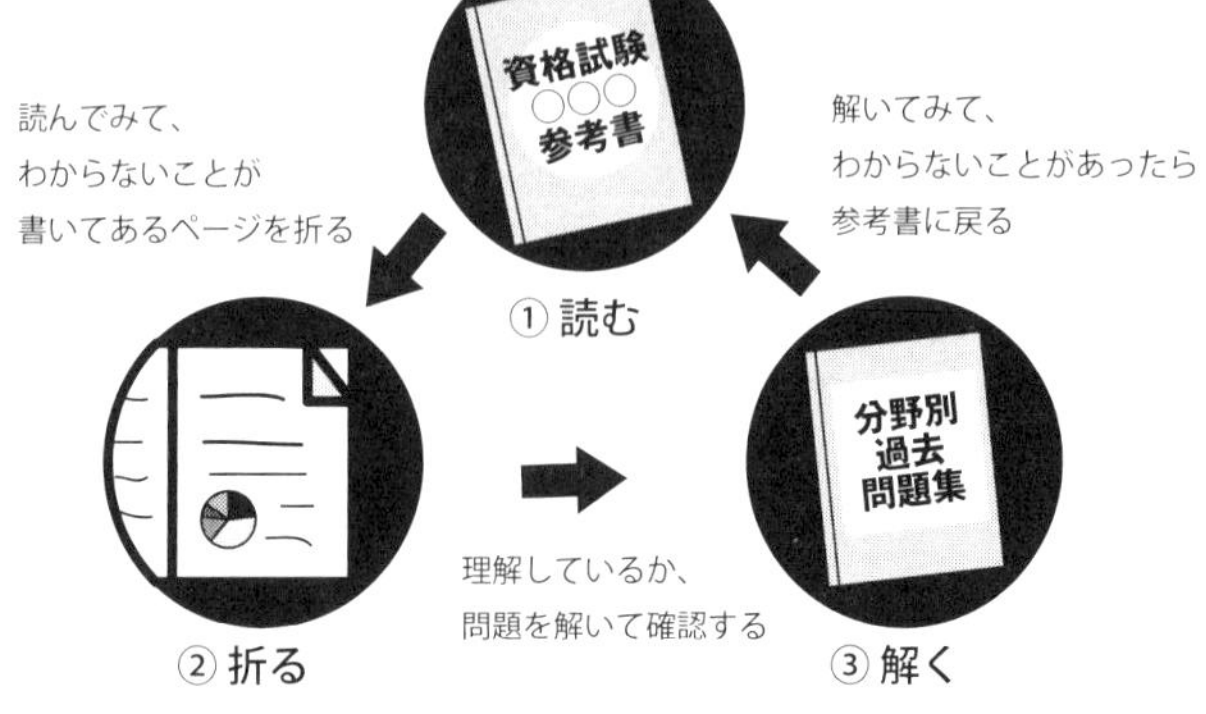

資格試験
○○○
参考書
読んでみて、
わからないことが
書いてあるページを折る
解いてみて、
わからないことがあったら
参考書に戻る
① 読む
分野別
過去
問題集
理解しているか、
問題を解いて確認する
② 折る
③ 解く

好循環をまわしていこう！

08

自分の時間を割ってみれば、合格できる

社会人の方であれば当たり前のことなのですが、仕事には必ず納期やいつまでに終わらせなければならないといった期限があります。

これを守らなければ、取引先や社内でもダメなやつだという烙印を押されかねません。

もちろん私生活であっても、いつも待ち合わせの時間を守らないということになれば同じこと。

新入社員の場合であれば、だらだらと手を抜いて仕事が遅いということではなく、時間的に効率よく作業を済ませる方法に考えがまだ及ばないところがあるものです。

ですから、目先の仕事のことを考えているだけでなく、**制限時間を守らなければならないと考えられる**ようになれば、必死にもなれて、結果として時間内に終わらせるという能力もアップするようになります。

このように仕事のことであれば、まわりがその人の成長を促しながらも、フォローをすることで期限内に仕上げることもできます。しかし、制限時間のあるシビアな資格試験に合格するためには、**自分の力で、時間に対する感覚をつけなければなりません。**

時間的に効率よく作業を済ませる方法を真剣に考える必要があるのです。

では、どうしたら、時間の管理ができるようになり、限られた時間を無駄にしないようになれるのか？

そのためには、まず自分が単位時間内にどれほどのことができるかを知るために、何事においても「時間を計る」。

これは何時間勉強するということではなく、たとえば参考書を20ページ読んでみた時に、実際どれくらい時間がかかっているのかを計るということです。

参考書を読む時だけでなく、**あらゆる場面で時間を計ってみる**のがいいでしょう。

①問題集をこなす時にも時間を計る
②問題集の答え合わせをするのに時間を計る
③復習するのに時間を計る

このようにするのです。

時間を計っていると、自分の処理速度というようなものがわかってきます。

このように時間を計ることで、今の自分が実際の試験時間内に問題に対応ができるかどうかを確認したり、制限時間内に対応できるようになる訓練をしたり、処理速度を上げるための技術を編み出したりすることだって可能になります。

その試験の日までの期間で、合格するための能力をつけて挑まなければならないのだから、制限時間がある**試験に合格するためには、時間に対する感覚をつける**ことが、どうしても必要なことなのです。

普段の勉強から手を抜くことなく時間感覚を身につけられるように時間を計ることで、無駄な時間をなくせて、だらだら勉強することを防ぐことができます。この時間を計ることは勉強をするにあたって効果的です。

ただし、私生活においてまで、１分１秒というように計っていては厳しすぎて、息が詰まりますから、時間を管理できる程度、嫌われない程度でほどほどに。

合格

時間を計る習慣をつける！

09

単なる合格者の体験談は、5割引きで読もう

よく受験生に対しては、その試験の合格体験記を読むといいと薦めている方や、講師を見かけることがあります。私も受験生時代に、そんなことをいっている方を見ました。

もちろんよかれという思いで薦めているのは理解できますが、私自身が講師になってから受講生に薦めたことなど、一度もありません。

それよりも、無駄なことをせず、合格に必要なことだけしたほうが、受講生のためにはよりよいと思っているからです。

だからといって、合格体験記を読むなとまではいいませんが、どうしても読みたいというならば、あえて、**「合格者の武勇伝は、真に受けるな！」**のひとこと。

これは、日本の国民性からも予測がつくとは思いますが、特に日本人は謙遜が美徳という感覚が染み込んでいます。

すると合格者の体験談なんていうものは、たくさんの合格者の声が載ってはいるが、謙

遜ありきで書かれていると思って読んだほうがいいということになるのです。

さらに合格体験記は、合格した後、しばらくたって、通っていた予備校から頼まれて書いているものです。受験生時代を懐かしみつつ、過去を振り返って書いているので、過去は美化されるわけです。ということは、美しいストーリーができてしまっていることもあるし、そう本人も思い込んでいる場合もあるのです。あげくに、予備校の宣伝のようなことに使われています。

ここまでのことを踏まえても読んでみたいのならば、無駄を排除するためにも、まず何度も落ちた人の体験記というのは絶対に読まず、**短期間で合格した人の体験記だけを読んでみましょう。**

実際に試験を突破してきた人のいっていることですから、どれも説得力があるように思えます。この方法もいいな、こっちもいいな、と思ってしまうかもしれません。

しかし、人によって環境が違うわけですから、すべてを自分にとり入れようとしないことです。なので、自分と同じような環境にいた人（たとえば、学生、社会人、主婦など）の方法や、「これなら自分にもとり入れられそうだな」と思うものだけ、必要な部分だけをとり入れてみてください。

あとは、**合格者が共通して力を入れている科目があるはず**です。それがあなたも力を入れるべき科目ということになります。

この点においては、合格体験記も合格への道しるべになるのかもしれません。

どちらにしても、合格体験記というものは、ゴーストライターとして講師が書いているならまだしも、単なる合格者が書いたものです。じつはそこに書かれていない、それ以外の努力が大きかった場合だってあります。

だって、その合格者自身も、本当の理由はよくわかっていないのですから。

そして、謙遜せずにいわせてもらえば、そもそも合格体験記は、**本書のように多くの受験生に合格してほしいという気持ちで書かれたものではない**のです。

ということで、「謙遜」ありきの単なる合格者の体験談は、5割引きで。

体験談は読んでもいいけど真に受けない！

第4章

一発合格するための『捨てる勉強法』【インプット編】

01

できることは勉強しないと、割り切る

資格試験に合格するために、「要領よくこなす」こと。それは、試験に**「出ることだけをやる」**ということで、まさに試験勉強における基本となります。

もちろん、そりゃそうだと納得はしてもらえても、要領よくこなせません。

じつは、「要領よくこなす」ことについてのひとつのポイントは何度かお伝えしました。

そう、もうできることは勉強しないでいいということです。

つまり、試験勉強を「要領よくこなす」ためのポイントは、**あなたが足りないものだけを身につけるように鍛えるということです。**いくら試験に出ることであっても、すでに身についたことならば、繰り返し勉強しても能力は上がりません。

たとえば、自転車に乗るための練習で、はじめは補助輪をつけて、漕ぐ練習やら、ブレーキの練習やらをして、乗れるようになります。その後は当然、補助輪なんてつけないですよね。それがなくても、自転車に乗れるようになるわけです。これは試験勉強にも通じるものがあります。

にもかかわらず、補助輪をつけたまま、いつまでも補助輪つきの自転車を鬼の形相で必死になって漕ぎ続けていたら、悪ふざけなのか、何かのギャグなのか、どちらにしても滑稽としか思えません。

ところが、受験生の多くが、これと同じようなことをしているのです。

私は、よく受講生から「問題集は何回解けばいいですか？」という質問をされるのですが、それに対して、「できるようになるまで繰り返し解いたほうがいいよ」とアドバイスをします。すると、多くの方が問題集の全問題を何回もできるようになるまで繰り返したりするのです。

「えっ、何がいけないの？　すごい頑張り屋さんで、えらいじゃないか」

そう思うかもしれません。

でも、簡単に解ける問題まで繰り返し解いて、１時間を余計に費やすというのは、まさに要領が悪いように思いませんか？

だから、「補助輪をつけたまま爆走し続けるな！」とまではいいませんが、「解けるようになった問題まで繰り返して解く必要なんてない」とつけ加えてアドバイスをするようにしています。

同じように、覚えなければならないという勉強の場合、一般的に物事を覚えるためには、繰り返しが必要といわれています。もちろん間違いではありません。

しかし、その繰り返しの仕方、復習のやり方を見てみても、あまり意味のない復習をする人もやはり多いのです。

あまり意味のない復習というのは、もうおわかりでしょう。すでに覚えていることまでも、繰り返し勉強してしまうことです。

もう勉強しなくてもいいことを勉強している人というのは、能力が低いからではなく、要領が悪い。いわば「効率」が悪いのです。

一発合格に必要な技術は、何を学ぶかよりも、どう学ぶか。その**効率が9割です。**

「要領よくこなすことにたけている人」となって、合格するために、もう〝**できることは勉強しない**〟というように、徹底的に無駄を省くようにしましょう。

覚えたものはもう勉強しない！

02

「わからない」は、恥ずかしくない！

わからないことは、試験勉強につきものです。

そして、人はわからないということを、本能的に恥ずかしいと思ってしまいます。

しかし、わからないということは恥ずかしいものではありません。試験勉強においては、とくに価値のあるものだというように見方や考え方を変えてみましょう。すると、**わからないことを通して合格する方法が学べる**ということが、本当に理解できるようになります。

私も講義では、受講生に対してこんなことをお話しします。

「最初のうちは、わからないことがあるのは当たり前。わかっていることなら、わざわざお金を払って、講義なんて受講しないでしょ。わからないことをわかるようになるために講義を受講しているんだから、わからないことなんて、恥ずかしくも何ともない。わからなかったら、どんどん質問して、そのために講師の私がいるんだから」

試験勉強というのは、**できないことや、自分のわからないことを理解する**ことなのです。

ということは、「むしろわからないところには合格するための可能性が潜んでいるかもしれない。じつに学ぶためのチャンス」ととらえるべきです。

わからないことを恥じるのを早くやめることができれば、それだけ楽にわからないことを利用できるようにもなります。ここで、２つの原則を復習しましょう。
① 参考書について、まずは全体像をつかむことが大事
② わからないところや気になるところがあっても、立ち止まらず、最後まで行くこと

わからないところはあって当たり前というように、ざっくり一度全体を読み終えた後、もう一度わからなかったところを読むようにして、どんどんわからないところを減らしていくということをお話ししました。

では、それでも、どうしてもわからない、しっくりこない、納得できないようなところがあった場合にはどうしたらいいのでしょうか？

そういった場合、試験に合格するためにどうしても必要な知識であれば、それこそじっくり考えることも時には必要です。

しかし、思い出してほしいことは、参考書というものは、合格に必要な情報だけが書か

れているものではないということです。

だから、**参考書だけを読んでいても、合格に必要かどうかは判断できない**ということです。さらに試験を突破し、見事合格している人であっても、参考書について、わからないことがないという状態になっているわけではありません。

むしろ、ほとんどの人が、わからないことがたくさんある状態で合格しているといってもおかしくないのです。

だから、わからないものは、わからないままでもいいと気持ちを切り替えて、ひとまず放置しておけばいいのです。

そして、合格に必要な知識なのかどうかは、**問題を解かずしては、わからない**ということでもあります。その放置したところが、どうしても問題を解くうえで、合格するための点数につながる知識だということになった時に、はじめて理解できるようにすればいいのです。

合格

「わからない」は合格するために欠かせないもの！

03

なぜ、ファーストキスのことは覚えているのか？

「あぁ試験勉強って、覚えなきゃいけないことが多くて、なかなか覚えられない」

こんなふうに嘆いている方は多いものです。そのうち楽しかった修学旅行やら、遠い日の懐かしい思い出に浸り、いつまでも現実逃避したままなんてことにも。

そんなことにならないためにも、「あの頃があったから、今がある」という気持ちに切り替えて、どうすれば記憶力を高めることができるのか、考えます。

ここで質問ですが、1年前のちょうど今日と同じ日の夕飯は、何を食べましたか？

この質問に答えられる人は、「ほぼ」いるわけがありません。この「ほぼ」といったのは、記憶していて答えられる可能性が高い人もいるからです。

超人的に記憶力が高く、天才的な人なのかというと、そういうことではないのです。

1年前の同じ日に、何を食べたか答えられる可能性のある人というのは、その1年前が、特別な日、もしくは記憶に残る日。たとえば、誕生日などで予約したレストランの食事だったという人なのです。そうでなければ、毎日毎日同じ食事を繰り返している人かもしれません。これは時間や場所、その時の感情が含まれたエピソード記憶といわれる長期記憶というものです。

こういう記憶について、勉強法や記憶術に関する本などでも、短期記憶と長期記憶という2つがあることをよく紹介していています。

つまり、短期記憶はすぐに忘れてしまう一時的な記憶で、長期記憶はずっと覚えている記憶だということです。

ドイツの心理学者が説いたエビングハウスの忘却曲線をご存じですか？

人間はたった1日で学習したことの7割を忘れるのだから、短期記憶を長期記憶に変えるために、反復するしかないという理論を説いています。

だから、ほとんどの人が、1年前の夕食を覚えていない理由は、それが短期記憶でしかないため、当たり前であるということになります。人の脳は、そもそも重要ではない記憶に関しては忘れていくようになっているのです。

そのうえで、試験勉強の知識というのは、試験に合格するためには重要であっても、生活していく、生きていくうえでは重要ではないことがほとんどだったりするため、忘れてしまうのはしかたがない、ということになります。

では、どうすれば長期記憶として覚えられるのでしょう。

ずばり、長期記憶にするためには、「感情を伴う」ことが重要なのです。うれしいことや怒りを伴った出来事、衝撃的なインパクトのあることは忘れたくても忘れられません。たとえば、ファーストキスとかは、ほとんどの方が記憶しているのではないでしょうか。

人の脳は、感情が動くと覚えてしまうのです。そして体験したことは記憶しやすいということでもあるのです。だから参考書や問題集を解く時であっても、できるようになれば、うれしいとか、逆であれば悔しいというように感情を動かすようにします。

そしてインパクトのある記憶に変えるということならば、知識のイメージを映像化することや、リズムのいい語呂で覚えるということも、記憶力を高める方法のひとつになります。

最後に、五感を使った覚え方をいくつか紹介しましょう。

① 人差し指でなぞりながら読む

字を目で追い、声に出し、その声を聞くことで同時に複数の感覚を使います。五感が同時に働くことで脳への刺激が深く強くなり、記憶が定着しやすく忘れにくくなります。

② 目につくところに貼りつける

できるだけよく目につく場所で、ある程度眺められる場所のほうが効果的。ぼんやり眺めているうちに写真画像のようにインプットされます。

③ 身近なものとつなげて記憶する

色や場所、勉強した時間など、他のものと関連させて記憶すれば、物事を思い出しやすくなります。

④ 人に話をする

記憶力がいいといわれている人は、じつはおしゃべりな人が多いです。よくしゃべると、「繰り返し効果」が働き、また相手にしっかり聞いてもらおうと感情を込めて話すことで、より記憶が強化されます。

合格

感情を動かすようにして覚えると効果的！

04

日常生活と関連づけて記憶を定着させる

私は、法律家という職業柄、よく「なんでだろう?」「なぜそうなるのか?」ということを考えます。そして、ある程度「なるほど」というように、その答えになるものが自分のなかで出せないとスッキリしません。

これは講義をするうえでも、「なぜこの法律や知識が必要なのか?」ということについて、自分自身が「なるほど」というように理解していなければ、受講生にわかりやすい講義ができるはずがないため、講師としての私にとっては理解することは絶対に必要なことでもあります。

講師のなかには、授業で使うテキストに、自分がしゃべる内容をびっしりと、まるでドラマの台本のセリフのように書いてある人がいます。また、ただただテキストを朗読する講師もいますが、きっとそれはそれで受講生にわかりやすいものであると思ってやっていることなのかもしれません。

もちろん、それで受講生がわかりやすいと感じて、しっかり合格することができるようになるのであればいいのでしょう。

しかし、もし私が受講生の立場だったら、手を抜いているとか、セリフを読むだけなら誰でもできるとしか思いません。

だから私の講義では、どんなに難しく、わかりにくい法律についても、必ずといってよいほど、日常生活においての具体例や、身近なたとえに置き換えて説明するようにしています。

これは講師として当然のことではあるのですが、ほとんどの受講生からのアンケートで、「すごくわかりやすい」と、とてもうれしい言葉をもらえています。

少し話がそれました。何もこれは自慢話をしたいがためではありません。

わかりにくいものや、なかなか覚えられないということに遭遇したとします。

その時、ただ暗記するよりも、すでに知っていることに関連づけて、あてはめて同じことだと理解するほうが効率よく記憶を定着させることができるようになるのです。そして、関連づけることによって、思い出しやすくなるともいえるのです。

このように、人がわかるようになるといった**理解を得られた状態とは、結局、自分の知っ**

ている知識と新しい知識との関連性がわかった時なのです。

具体例や対になる考え方をいくつか出すと説明がわかるようになるのは、その関連性が見えてくるからです。関連性を**「なるほど」と思えて初めて理解したということになる**ものです。

かなり前のことではありますが、友人が勤めている会社から資格試験を受けるようにいわれたことで、私に試験対策を個人的に教えてほしいと頼んできたことがあります。

「なぜ、それが重要なのだろうか？」

「いわれていることの意味がわからない」

その友人は、まだ勉強をはじめたばかりだったこともあり、私の話をすべてわかっていたわけではありませんでした。

しかし、勉強を進めていくうちに、だんだんと私のいっていたことの意味がわかるようになり、最終的には話していたことについて、まさしくその通りとうなずくことが多くなったそうです。

すると模擬試験でも点数がどんどん上がり、私がいうほとんどのことにうなずけるようになり、試験に合格できたと感謝され、今ではその友人も講師をしていたりします。

このように、誰かがいっていることに対して、思わず「なるほど」とうなずいてしまうのは、すでに自分もそれを体験しているか、理解することができるようになっているということで、その重要性が身についていることを意味しているのです。

もし、あなたが本書を読んでいて、「そんなものかな」というぐらいで、思わずうなずいてしまうほど納得することはできなかったとしても、まずはそれでよしとしましょう。ただ、そこで終わらず、実践することをオススメします。

実際にやってみて、重要性がわかり、改めて本書の該当箇所を読み返した時に深くうなずくことができるようになれば、「捨てる勉強法」をマスターしたということになります。そのような状態になれば、目指す試験に合格することも叶ったも同然といえるでしょう。

本書で**「なるほど」とうなずくことが多くなってくると、力が身についてきている証拠**でもあるのです。

合格

関連性をつかめば理解が早くなる！

05

知識の5割はカットできる？

記憶がなかなかできない原因は、そもそも人間の記憶のメカニズムに原因があるのです。すでにお話ししたように、人の脳には、一時的に記憶をする部分と、長期記憶をする部分があります。そして、ほとんどのことが、最初は一時的に記憶をする部分に蓄えられる短期記憶になるからです。

すぐに忘れてしまう一時的な記憶を、長期記憶に変えるために、反復するしかないという理論があります。もともと人がものを記憶するには、何度も知識を脳に蓄え、かつそれなりの期間の経過が必要だというのがその理論の根拠です。

だから、何度勉強しても覚えられない、すぐに忘れてしまうというのは当たり前のことなのです。

なかなか**記憶できないということは、悩むべきことでも何でもない**のです。そのことは悩んでも絶対に改善できないことだからです。それこそ「人間だもの」なのだから、当然。

しかし、こういうことから、記憶力を高めるためには、「反復する」「回数を繰り返す」ということが、もっともポピュラーな方法となってしまい、一般的な試験勉強全般においても、同じようになっているのでしょう。

もちろん繰り返せば、誰でもある程度覚えることができるようになるとは思います。

きっと、こういう記憶のメカニズムから、教科書を7回読むという勉強法もあるのでしょう。すごいなぁと思ったので覚えているのですが、この勉強法を推奨している方は、優秀な弁護士さんで、ある雑誌のインタビューで、こんなことをお話しされました。

「7回読めば、だいたい覚えられるが、司法試験の勉強では40回は読んだ。勉強というより精神修養、1日に19時間半勉強した。水を張った洗面器に、眠くなると足を入れて眠気を吹き飛ばす。幻聴を経験するぐらい勉強した。努力では誰にも負けません」

ここまで努力のできる人は、ざらにはいないでしょうし、そこまで行けば、努力の神様、と拝められてもおかしくないと思います。

もちろん、これですべてを記憶できるのであればよろしいことでしょう。

しかし、私からすれば、こういう記憶のメカニズムを踏まえるならば、すべて記憶することを目標とするよりも、やはり効率よく合格するために、**まずは、覚える量を減らすこ**

とのほうが最適です。要は無駄をなくしたうえで、繰り返すなり、何度も読むなりしたほうがいいということになるのです。そうしたほうが、合格に必要なことを覚えるのにかかる時間と手間を省くことができ、かなり負担が軽くなりますよね。

勉強本や暗記法の本はたくさんありますが、こういうアプローチがされているのは非常に少ないような感じがします。

よく試験勉強につきものといわれる「暗記」。

ここでいう暗記とは、いわゆる丸暗記。これは理解を伴うか、そうでないかという違いにおいては、理解を伴わないもの。理解を伴わないとなれば、感情が動くことがないということですから、この丸暗記となると、私も記憶することが、かなり苦手です。

ですが、暗記が苦手ならば、暗記する量を減らせばいいだけのことです。

じつは暗記しなくてはならないと思っている知識の、5割以上はカットすることができてしまうのです。

いかに覚える量を減らせるか！

06 少ないほうを、割り切って選べ！

ただ、暗記する量を減らせといわれても、どう減らせばいいのかわからないという人がいるでしょう。

ここでも、思い出してほしいことは、資格試験というのは、とにかくたくさんの知識を頭に入れて、満点を目指すものではないということです。

あくまでも、『合格に必要なものは何かをしっかり逆算して考え、無駄を徹底的に排除する』ということをお話ししているように、その試験に合格するためには、合格点さえとれればいいのです。

パソコンでたとえるなら、たくさんの知識を頭に入れるということは、必要以上に多くのアプリやソフトをダウンロードするようなことと同じなのです。パソコンなら、動作が遅くなったり、不具合が発生したりということにもなるし、試験勉強においては、消化不良になって記憶の正確性が低下することだってあります。

知識の量や記憶にこだわるよりも、その**必要な情報を必要な時に、必要なだけとり出せることも上手にできるようにしなければならない**のです。

だから、知識は、むやみに増やせばいいというものではないのです。

さらに心理学では「マジカルナンバー」といって、人間の脳が一度に処理できる情報量には、何かしら限界があるのではないかというものがあります。

たとえば、数字なら電話番号のように7桁前後、人物名なら7人前後なら一度に覚えられ、それ以上になると難しくなるというもの。簡単にいうと、人というのは個人差はあるものの、7個前後が短期的に記憶できる限界だということです。

では、次の言葉を覚えてみてください。

長澤まさみ・らーめん・みかん・餃子・ストロベリー・焼肉・木村拓哉・カレーライス・山田孝之

実際に覚えようとはしていないと思いますが、読んだ瞬間に覚えるのが大変だなとも思いましたよね。これは全部で9個あるのですが、多くなるととたんに覚えようとしたくな

くなるものです。人の脳にはこういった特徴があることを知っていれば、覚えやすくする対策を考えることも可能なのです。

たとえば全部を本当に覚えようとするのであれば、

長澤まさみ・木村拓哉・山田孝之
らーめん・餃子・カレーライス・焼肉
ストロベリー・みかん

このように意味のあるまとまりを見つけて、人名、料理、果物というように、グループ化したほうが多少は覚えやすくなるものです。

さらに人名だけを覚えて、他は食べ物と

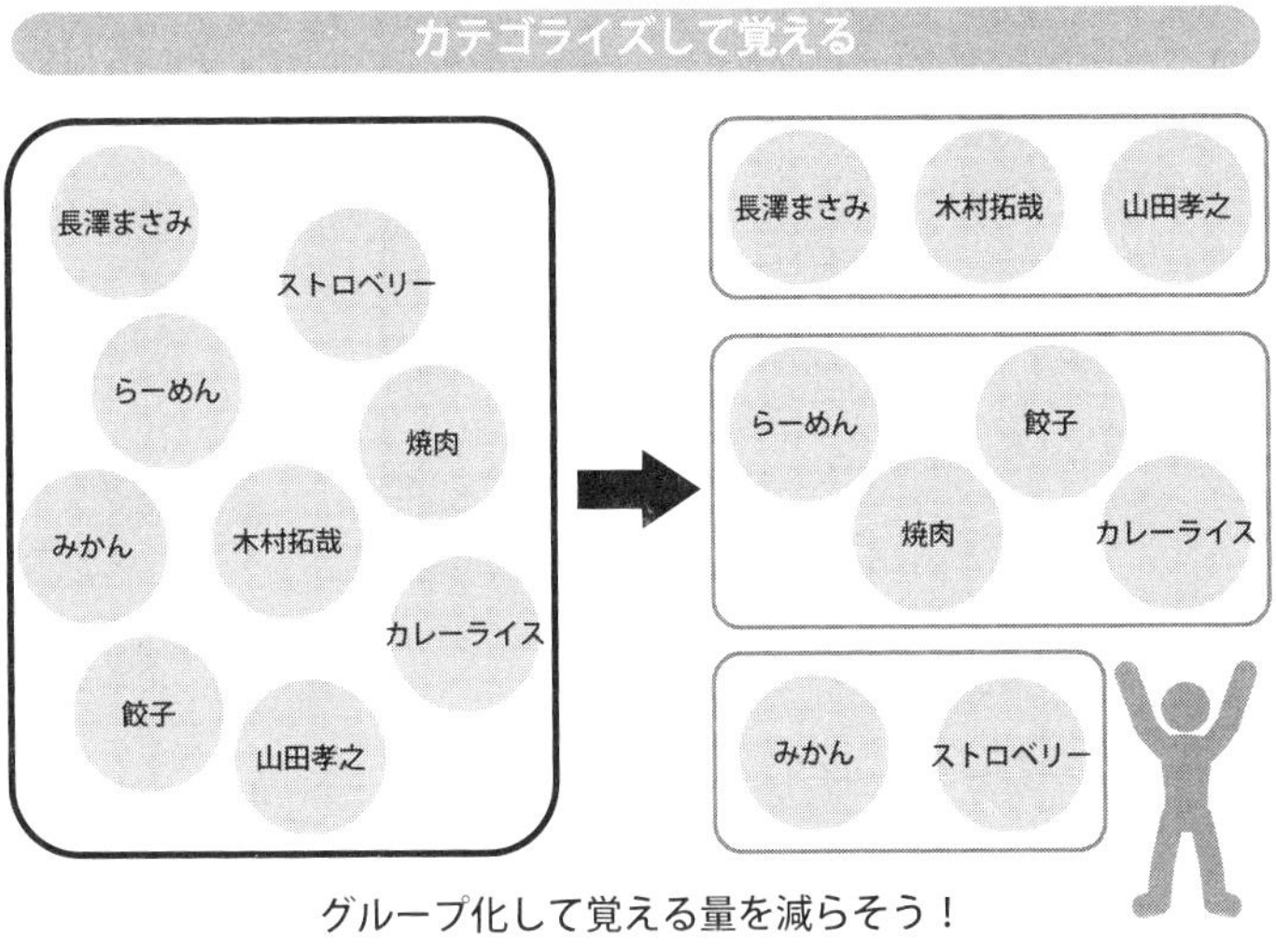

グループ化して覚える量を減らそう！

いうぐらいで正確に覚えようとしなければ、3人の名前だけなら容易に覚えることもできるのではないでしょうか?

このように、試験勉強でも覚える知識を減らすようにすればいいのです。

たとえば、覚えなければならない法律の手続きがあったとします。

A、B、C、D、Eの場合には、手続きが必要となる。
F、Gの場合には、手続きが不要となる。

こんな知識があったとします。

それこそ必死になってA～Gの7つについて、多くの真面目な受験生は、どれが必要か不要かを、ひとつずつ覚えようとするのです。

ですが、試験問題を解くためには、知識をそこまで覚えなくていいことも多いのです。

選択肢式の問題を解く場合であれば、FとGの2つだけが手続き不要だと覚えておきます。他は5つだとか覚えるまでもなく、むしろ他は全部必要というように覚えたほうが、正解肢を選ぶためには効果的だったりもするのです。

７つのうちの２つについてしか覚えていないことになるわけですから、覚える知識を減らすということにもなっていますね。

こういう知識は、試験勉強をしていくなかで、かなり多くあります。

ひとつの知識に対して、原則、例外みたいに、いくつものケースが並んでいたなら、すべてを覚えようとするよりも、**覚えることが少ないほうを選んで、ほかは全部同じというように覚える**ようにしてください。

グループ化したり、少ないほうだけにして、覚える知識量をとことん捨てる！

07

正確に暗記する必要のない知識とは？

覚えることが少ないほうを選んでいけばいいことはお話ししましたから、これで覚える量は大幅に減らせるはずです。もちろん、試験に合格するための勉強をしていくうえでの効率も、かなりアップします。

しかし、勘違いしないでほしいのは、テキストを読んでいくうえで、覚えるべきかどうかを決めていくものではない、ということです。そして、覚える必要のある部分が出てきたからといって、最初のうちは、その都度覚えようとするものでもない、と心に留めておきましょう。

まずは覚えることを優先するよりも、本試験までに覚える箇所を割り出すことを目的にして、**暗記する箇所を決めること**が重要なことなのです。

だから、暗記をはじめる前に、何を暗記すればいいのかについて考え、選びとる必要があるわけです。

そのためには、過去問集を利用することが、もっとも効率的です。

たとえば、問題に出てくる知識で、具体例をあげましょう。

・２週間、30日、１カ月、３年などの日数や期間
・計算することでは対応できない面積、距離、金額などの数字
・手続きや記載事項において要不要
・法律の条文数

これらが問われている場合、覚えていなければ、どうしても解けないということになるわけです。そうであるならば、覚えるべき箇所といえる可能性があるわけです。

「試験に一発合格するためには、何もかもすべてを覚えてなければならない」

こう考える人がいますが、まさかそんな必要があるはずがありません。**合格している人が、必ずしも正確に知識を暗記しているわけではない**のです。

たとえば、選択肢式の問題なら、選択肢が正しいかどうかだけがわかる程度でかまいません。もっと正確に覚えなければ正解が導けない問題があるということになった時に、は

じめて細かい暗記をするようにしていけばいいのです。

たしかに、何事も正確に暗記したほうが気持ちはいいかもしれませんが、試験合格のためにはそこまでする必要はないのです。

そして、覚える箇所を割り出すためには、「必ずしも正確に暗記をする必要はない知識がたくさんある」と考えておいたほうが賢いし、覚えることが多くてという不安を感じなくなります。

たとえば、円周率というものを3と教えられた世代は、ゆとり教育の代名詞として揶揄されていたりもしますが、一般的には3だろうが3・14だろうがどちらでもいいですよね。

ギネスブックに記録を残すためでなければ10万桁を覚える必要はないということと同じで、「問題が解ける限度で覚える」というスタイルをとることで、不必要なことを覚えなくて済むようになります。

また、過去問集を解くことで、よく問題に出題される知識は正確に暗記すべき知識ということですし、それほどでもない知識は覚えなくてよいというように、自然と知識が選別できるようになります。そのうえで、ほぼ覚える箇所を割り出すことができてから、本試験までに覚えるようにしていくのです。

この覚えるべき箇所を決めていくなかで、問題の法則を見抜くことができ、一般的感覚、常識的感覚では判断できない知識や、原則と例外のどちらかに絞って覚えたほうがいいということがわかることもあります。

だから、**覚えることより、まずは覚える箇所を割り出しましょう。**

合格

覚えるべき箇所は過去問を解いてから決める！

08

あいまいと、何となくなら、割り切って捨てる

さて問題です。

10個の知識があった場合、10個を何となく覚えている人と、そのうちの3個を確実に覚えている人では、どちらが試験において点数が多くとれるでしょうか?

じつは資格試験というものは、多肢選択式がとられていることがほとんどです。

たとえば、次のア~オのうち、正しいものだけを組み合わせたものはどれか、という問題があったとします。

ここで選択肢が、

①アイ

②イウ

③ウエ

④エオ

⑤ オア

という場合、もしもア～オをすべて検討して、ウとエが正しいと判断できれば、もちろん③が正解だというように答えを導き出すことはできます。それならそれで素晴らしいことだと思います。

ただこの場合、前提として、５つの知識を正確に判断できなければ、正解できないということになります。

要するに、すべてを**あいまいに覚えていては、正解が選べない**ということです。

しかし、この問題であれば、じつは２つの正誤を判断できれば、正解を効率よく選ぶことができてしまうのです。

仮にア・ウ・エの正誤がどちらなのかわからなかったとしても、イとオが誤っていることさえ確実にわかれば、選択肢③しか正解にはならないということが判断できるからです。

さらに、正しいということを判断するよりも、誤りを指摘するほうが簡単です。そのことからしても、この問題は誤っているイとオから正解を導くほうが、効率がいいといえます。

すべての知識を正確に判断できるようにするということは、それこそ満点を目指すような勉強をすることと同じです。

すでにお話ししたように、資格試験というのは、満点を目指すものではないのです。

ですから、多くの知識を何となく覚えているといった、10個のあいまいな知識では、問題の正解を導くことが難しいということです。

それよりも、そのうちの3個を確実にしておくほうが、より正解を選ぶことができ、点数につながるということになります。

さらに価値のある資格試験の多肢選択式問題というものは、より多くのことを知っているかどうかといった**単なる知識量を試されるだけの試験ではありません。**だから、まともに正解を出そうとしたら、いくら時間があっても足りないようにつくられていることも多いのです。

資格試験で素早く時間内に問題を解くために必要なことにもなりますから、本章において合格するために割り出した知識は、あいまいと、何となくではなく、正確に確実にしておくようにしましょう。

あいまいな知識は百害あって一利なし！

09 暗記は寝る前と、割り切る

記憶するためには、自分の知っている知識に関連づけて覚える方法と、丸暗記をする方法の２つがあります。

覚えるといっても理解を伴わない丸暗記となると、多くの受験生が難しいと感じてしまうものです。ですが、暗記できないからといってネガティブになる必要はありません。**1回で暗記できないのは誰もが同じ**です。自分だけが特別ではないのです。

これまでお話ししたように、試験合格のためには、すべてを暗記する必要がないということを思い出せば、暗記がなかなかできないからといって、焦ることはないという気になれるはずです。

そして、必ずしも正確に暗記をする必要はない知識が、たくさんあるということも同様です。暗記すべきことを、**現実的に覚えられる量まで絞り込むことが必要**でもあるわけです。

では、暗記する量を減らし、ほぼ覚える箇所を割り出すことができた段階で、1日のどの時間帯が覚える作業に適しているのでしょうか？

要するに、いつやるかということになりますが、それは寝る前です。この就寝前の1〜2時間というのは、暗記するためには、きわめて学習効率がいい時間帯なのです。

「覚えなければ」「暗記しなければ」いけないと身構えずに、いつも通りできるだけリラックスした状態で、スマホでＬＩＮＥやゲームなどをせずに、その覚えることを眺めたり、読んだりして、さっさと寝るようにしましょう。

寝る前に眺めるとか、読む程度では、暗記できるはずがないと思う人もいるかもしれません。

しかし、仮に暗記の作業を昼間やっていても、その後にテレビや会話、仕事などで覚えることとは関係のないことが脳に入ってきてしまえば、上書きされてしまうようなもの。せっかく覚えようとしたことがすぐに薄れてしまうことになります。

だから余計な情報が入ってこないように、寝る前に暗記の作業をするようにして覚えるようにしましょう。

じつは**睡眠には、脳に蓄えた知識を整理整頓して使える状態にする役割がある**ことがわかっています。すると知識の質が変わり、ワインと一緒で、寝ている間に脳のなかで熟成されて、記憶の定着がよくなります。さらに効率を高めるためには、朝に目覚めたらすぐに暗記したことを確認することもいいでしょう。

そういえば、少し前ですが、子供から大人まで、ラグビーワールドカップで活躍した日本代表五郎丸選手のキック前の独特なポーズをマネしていました。また再度ルーティンが広く知れわたるようになりました。

じつは、これは多くのアスリートが行っていて、昔から有名なのはメジャーリーガーのイチロー選手。打席でバットを外野に向けて一回転させ、左手でユニホームの右腕袖を引っ張るしぐさがルーティンです。体操の内村航平選手が両手を肩の高さに挙げるしぐさなども同じことだといわれています。

このルーティンとは、規則的な手順、すなわち一定の決められた手順を習慣的または機械的に実行することですから、ポーズをとればいい結果が得られるというわけではありません。

そこをまねるのではなく、実際に**練習を毎日積み重ねることが重要なこと**で、その上でアスリートは、この何かにとり組む際に毎回、プレ・パフォーマンス・ルーティンをつけ加えるのです。それにより、気持ちを安定させることができ、練習の成果をコンスタントに出せるようになるということなのです。

この**暗記は寝る前と決めること**が、気持ちを安定させるためのルーティンにもなり、毎晩の習慣にすることで、次第に記憶力が高まっていくことにもなります。

寝る前こそが暗記のゴールデンタイム！

第5章

一発合格するための『捨てる勉強法』【アウトプット編】

01 なぜ間違えたのか、原因を洗い出す

受験生から「問題演習や過去問を繰り返し解いているのだけど、間違えた問題は、何度も間違いを繰り返してしまう」という相談をよく聞きます。

それは問題を解いて答え合わせをする時、単に答えがあっている、間違っているだけの確認になってしまっていることが原因なのです。

これは、やはり過去問が大事という理由がわかっていないことで、過去問を「やる」こと自体が目的になってしまっているからなのです。

では、どうすればいいのでしょうか?

すでに、人材育成の経験学習について、「経験さえ積ませれば人は育つ」というのは間違いで、経験する側がそこから何を、どう学ぶかということが必要であるということはお話ししました。

それにも関係することで、たとえば、社会において仕事をすることについて考えてみま

しょう。

仕事をしていくというのは、いろんな問題に直面することが多く、それぞれにふさわしい対応策をとって乗り越えていくものなのです。もちろん、うまくいくこともあれば、反対もあります。要は、経験において、成功も失敗もするということです。そして、それらを通じて、後の仕事に役立つ経験を積むわけです。

じつは重要なのはここからで、そうした経験から、今後の自分に役立つものは何かというように、**なぜうまくいったのか、なぜ失敗したのか、振り返ることが必要**なのです。これを「内省」といったりします。

人が成長するには、経験のあとの「内省」が不可欠なのです。ですから、どのようなことにおいても、問われるべきは「経験」だけではありません。その後にどのような「内省」があるかが問題なのです。

これは、人材育成の経験学習について、組織行動学者のデービッド・コルブが「経験学習モデル」理論として提唱していることでもあります。もし興味を持ったのであれば、あくまで目指す試験に合格した後で、調べてみてください。

ということで、「何度も間違いを繰り返してしまう」について振り返れば、それは、「問題を解く」という「経験」だけが目的になってしまっているからです。

ですから、問題を解いたら、解きっぱなしにしないで、「内省」といえるように答え合わせをします。

もちろん、答え合わせで間違えた場合には、次に解く時には、**どういう手順で解くかということまで、割り出さなければならない**のです。

そのためには、なぜ、その問題を間違えたのかという原因をつきとめなければならないのです。これは決して難しいことではありません。

問題演習から、合格に必要な力を効率的につける方法を、さらに本書で紹介していきます。なぜ間違えたのかをしっかり導き出すことが、合格するためにも、今後の自分に役立つものだと、振り返るようにしましょう。

原因さえわかれば同じ間違いは繰り返さない！

02 解説から何を学ぶか割り切れば、合格できる

「あんちょこ」を知っていますか？

私は、小学校時代に「あんちょこ」を知りました。世代がわかるような言葉ではありますが、今でいうところの教科書ガイドのことです。

内容としては学校の教科用図書（教科書）の言葉や公式など要点について詳細な解説が書かれていて、当時の先生のなかには、授業でしゃべっていることや、テストで出てくる問題が、ほぼそれに書いてあるまんまだったりする人もいました。

こちらからすると、すでに答えを知っているようなものですから、いちいち調べたりせずに効率よく宿題やテスト対策をすることができるので、おかげで遊ぶ時間を増やせて、とても楽でした。だからなのか当時、私の小学校や中学校でも、学校側からは買ってはいけないと禁止され、授業中に開いていたら没収、先生からも、「あんちょこは、買うな」「自分の力で、やらないと力はつかない」と教えられていました。

たしかに義務教育時代に禁止したのは、勉強をするのがイヤで、答えを写すだけとか、答えを知ってしまえばそれで安心して、授業を聞かなくなる生徒もいるからでしょう。そういう人がいるから、答えを見ることを禁じたり、場合によってはテストをするだけして、答えを配らなかったりもしたのでしょう。

だから、この「答えは先に見てはいけない」といった誤った教えを刷り込まれてしまっている人が多くいるのではないでしょうか。さらに、答えを見て勉強することに、何かうしろめたさすら感じる人も。

私は、堂々と「あんちょこ」といわれる教科書ガイドを使用していましたから、その教えに対して、教科書ガイドをまる写しの授業を聞くよりも、むしろしっかりと問題の解き方が学べて便利だとすら感じました。

そして、その答えを見て勉強したおかげで、誤った教えを刷り込まれることなく、子供ながらに大人ってずるいなぁっということすら学べたような気がします。

だから、きちんと問題の解き方を学ぼうというならば、答えを見て勉強するほうが、効率がいいのです。

そもそも勉強がイヤでというわけではなく、自分で決心して資格試験に効率よく合格しようと勉強をするのに、単に答えを見て安心してしまうような人はいませんよね。ならば、答えを読む勉強をするのに、うしろめたい思いをする必要はないのです。

この答えを見て、勉強するということについて、過去問を解く時にも同様なのです。過去問とは、あなたの合格を最終的に決める試験実施団体側から出されている唯一の情報で大事だということは、すでにお話ししました。

では、いきなり過去問を解こうといっても、問題の解き方というものを何も知らないまでは、やはり問題は解けません。

最初のうちは、無理矢理問題を解いたところで、ほとんどの問題が解けるはずがありません。結局問題と答えを照らし合わせるという作業がほとんどになります。

そうであるなら、次のことを意識しましょう。

最初から**問題を解くための筋道を学ぶために、問題と答えを照らし合わせて、どうやって解法を思いつくのかを研究する**という割り切った考えを持ってください。そのほうが、時間の節約になり有効な勉強のやり方になるのです。

この考え方を持たず、解き方について、考えていない受験生にありがちなことは、

「もう過去問をやりすぎて答えを覚えてしまった」

「過去問は完璧」

「もう過去問は飽きた」

というように、ちょっと聞けば、頼もしいセリフをいいはじめるということです。

こういう人に限って、合格発表後に、

「過去問を完璧にしていたのに……」

「何回も過去問をやったのに……」

ということを、悔しい思いを噛みしめながら、独りさびしくツイートすることになってしまうわけです。

こうなってしまうのは、単にその問題の答えを覚えているだけになっているからです。本試験でいい回しや数値が変えられてしまうと、とたんに対応できなくなってしまうのです。

勉強をはじめたうちは、問題を解く時、新し

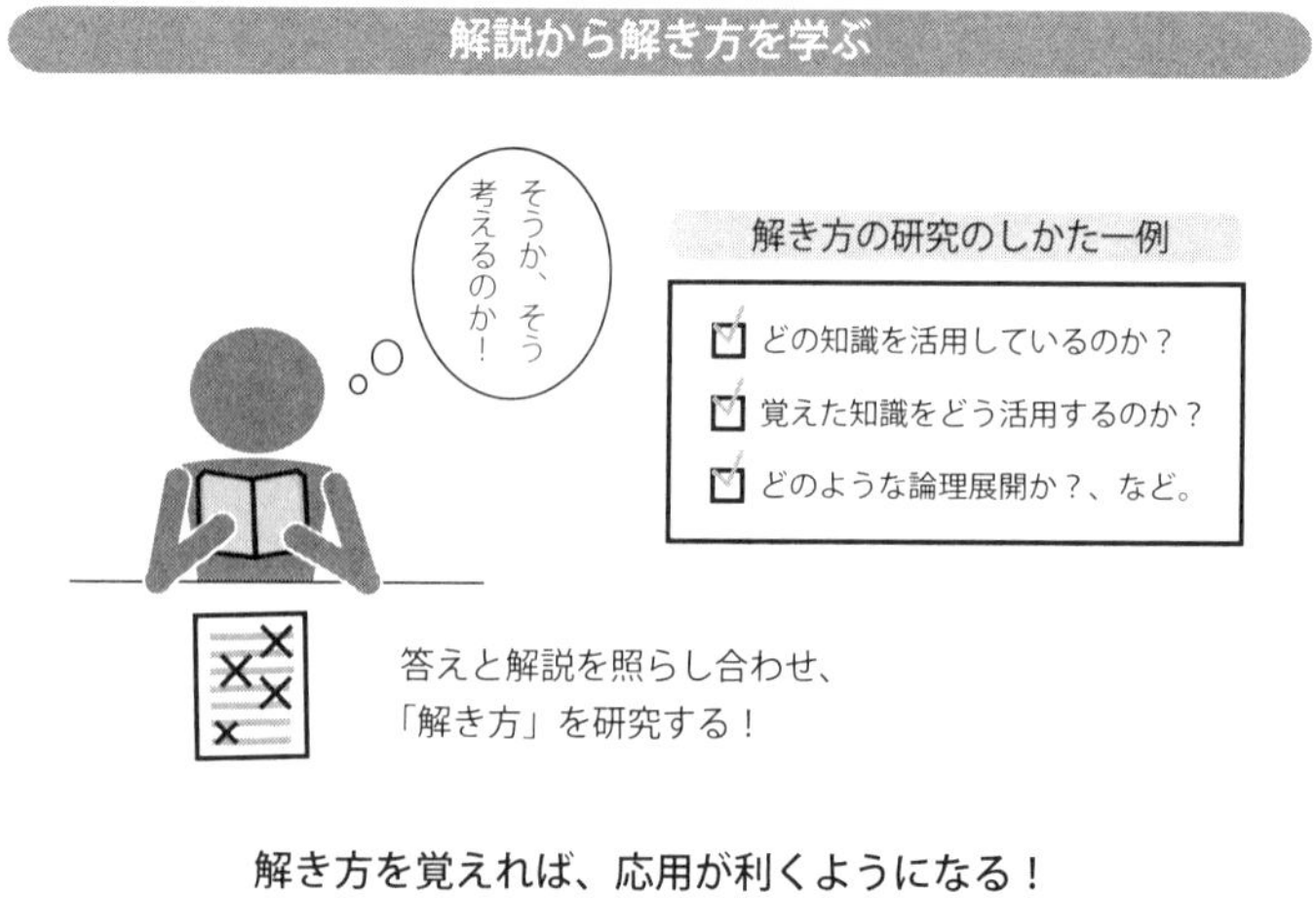
解説から解き方を学ぶ
そうか、そう考えるのか！
解き方の研究のしかた一例
どの知識を活用しているのか？
覚えた知識をどう活用するのか？
どのような論理展開か？、など。
答えと解説を照らし合わせ、
「解き方」を研究する！
解き方を覚えれば、応用が利くようになる！

い知識をどうやって使うのかとか、問題ではどうやって問われるのかを知るために、問題と答えを覚えなければなりません。

しかし、この時に単に答えを覚えるだけならば、その問題しか解けません。

だから、いい回しや数値が変わっていても対応するために、正確には、**しっかりと解き方を覚えなければならないということ**なのです。単に答えを覚えるだけでは、その問題しか解けません。

あくまで過去問を解くということで、得られたことを、**本試験でも応用できるようにすることこそが、合格するための重要なポイント**です。

ですから、答えを見て、勉強するというのは、解説を読んで、解き方を学ぶことなのです。安直に、答えを覚えるだけにならないようにはしてください。

合格

解説を覚えるよりも解き方を見抜こう！

03

問題集の1回目の解き方

一般的な予備校において、もっとも講師が受講生からされる質問として、「問題集などを何回解けばいいのか？」ということが、毎年かなり上位にランキングされています。

このよくされる質問である「過去問を何回解けばいいのですか？」に対して、その答えということで、「3回解け」とよくいわれています。

しかし、このやりとりを見かけたり、耳にしたりする限り、**3回解けというアドバイスは、とても雑なアドバイス**だとしか思えません。

とくに勉強をはじめたばかりの受講生からの「問題集は何回解けばいいですか？」という質問に対しては、合格してほしいと思う講師であるならば、同様のアドバイスというわけにはいきません。

たしかに何回解けばいいのかという質問自体がおかしいように感じますが、勉強をはじめたばかりであれば、どう質問していいのかも、おぼつかないのが普通です。

何にしても、その質問をするということは、合格したいと思うからこその行動なのです。

だからこそ、それを講師側が感じとれば、回数を知りたいのではなく、合格するためにどうやって、過去問を解いていけばいいかが知りたい、教えてほしいということだと察するべきです。

せめて、「3回解け」というのであれば、その1回目、2回目、3回目それぞれについて、具体的にどうやって、過去問を解いていけばいいかまでアドバイスすべきです。


ということで、どうやって解けばいいのか解説しましょう。

その前に、まずは、**どういう過去問を選べばいいのかが、ここでは重要になる**のです。

今一度、第3章準備編の05項目を読み直してください。

年度別、そして分野別や項目別といわれるもの、大きく分けて2種類ある過去問。

どっちを選んだほうが、効率的かといえば、この場合は後者ですね。

試験勉強の基本的な流れとすれば、分野や項目という範囲を決めてテキストを読んだら、その範囲の過去問を解くというやり方をしていくことになります。

これを繰り返していきます。

ということは、年度別を選んでしまうと、その範囲の問題が、どこにあるのか、どの年度の何問目というように探さなければなりません。

もちろん、探すことができるのであれば、すでにある程度の力がついているということにはなりますが、効率のいい方法とはいえません。

ということで、**絶対に、分野別や項目別といわれるものを使ってください。**


では、1回目は、どうすればいいか？

読んだ範囲の分野や項目について、「どんな問題が出るのか」という感じで、真剣に解くことはせずに、さらっと問題と解説を流し読みする程度でかまいません。

問題を解くというよりも、読書感覚でいいのです。

しかし、この時にも、気をつけてほしいことがあります。

それは、よく受験生がやってしまいがちなこと。問題集の1問目から順序よく、2問目、3問目と、**すべての問題をやろうとしない**でほしいのです。

市販されている過去問というのは、おおよそ5年～10年分の問題というものが、ほとんどです。ですから、すべての過去問が1冊に収まりきらない場合や、分野ごとというように、その資格によっては、何冊かにわかれていることすらあります。

ということは、一般的には1冊の問題集に、少なくとも200問～300問がのっているわけです。

それでも勉強をはじめたころは、それなりにやる気が満ちあふれていますから、すべての問題をという気持ちになるのでしょう。

そのやる気は、素晴らしいことです。ですが、その気持ちは、この1回目に解くというやり方の際には、温存しておいてください（笑）。

ということで、1冊の問題のうち3割。

たとえば、その読んだ範囲の分野や項目の問題が20問あるとしたら、6問ぐらい。難易度別につくられている問題集ならば、易しい問題を選んで、流し読みで充分です。

ただ、この問題を選ぶ時に、やってしまいがちなこととして、問23、問24、問25……というように、要するに連番で問題をやるということ。宝くじを買うのであればかまいませんが、問題集では、これは絶対にやらないでください。

なぜなら、分野別、項目別の問題集は、やはり問題も同じような論点のものを順々に配置していることがあるのです。だから、問題を解いて、解説を読む、そして次の問題を、となった時に、1問前で読んだ解説の知識そのままで、解けてしまうことがあるわけです。

するとと実力はついていないのに、ただ少し前に解説を読んでいるから解けただけなのに、「なんだ、簡単だ。自分はできる」という勘違いをしてしまうからです。

そんな勘違いを早くからしないようにするため、**1回目に問題集をやる時には、まず奇数か偶数のどちらの番号にするかを決めてください。**

これはどちらでも、お好きな方で悩まず決めてください。


ということで、すべての「問題」を読むのではなく、このやり方で、すべての『分野』を、ひと通り読み終えることで、何となくでも「どんな問題が出るのか」は、わかるようになります。

そして、問題集のすべての問題ではなく、全体の3割分の問題なのですから、当然、かかる時間も少なく、早く読み終えることになります。

この1回目に、問題と解説を読んでいくなかで、どうしてもしっくりこないとか、納得できない、読んでも理解できないというものが出てきます。それは基礎的な知識が不足しているということになります。参考書に戻って確認してください。

この確認ということですが、またその分野を、イチからしっかりと復習なんてことではありません。

確認する部分の知識というのは、その問題の正解が導ける限度でいいのです。たとえば、選択肢式の問題なら、選択肢が正しいかどうかだけわかる程度の知識でかまいません。

合格

１回目は、全体の３割だけ読み進めていく！

問題集１回目の解き方

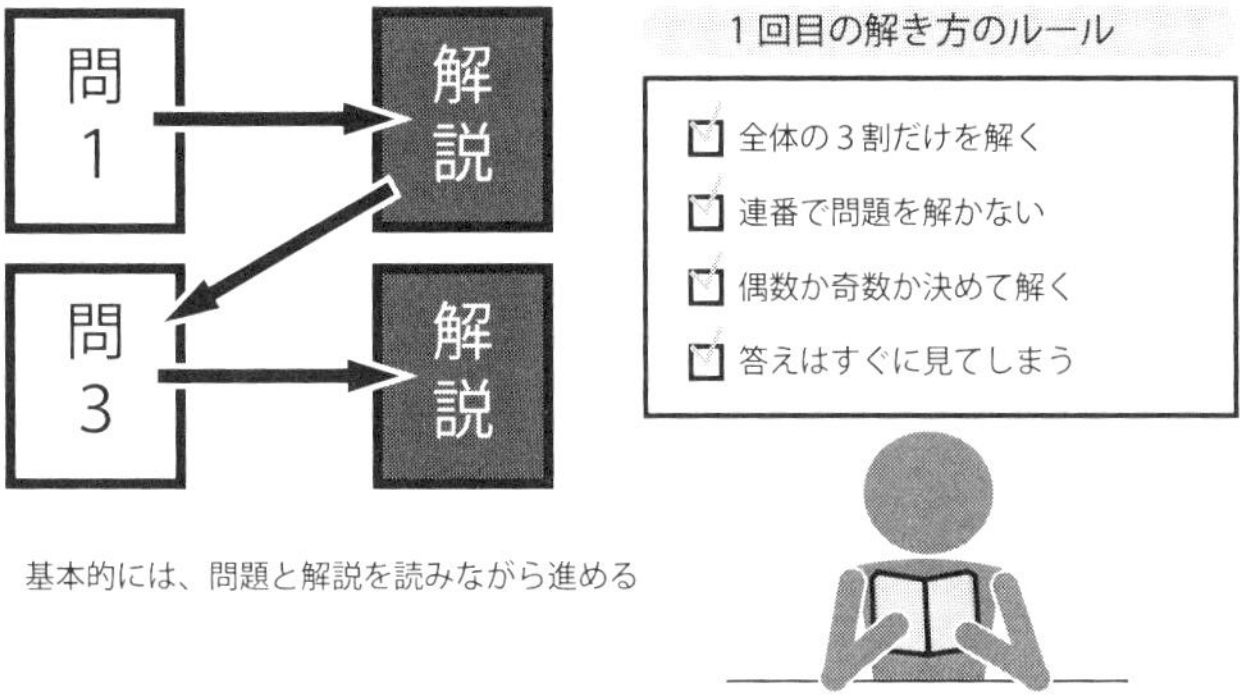
問
1
解説
問
3
解説
基本的には、問題と解説を読みながら進める
1回目の解き方のルール
全体の３割だけを解く
連番で問題を解かない
偶数か奇数か決めて解く
答えはすぐに見てしまう

しっかり解くのではなく、読み進めていくイメージ

04

問題集は3回目からが、本気と割り切る

さて、ここまでは、あくまでも読むということを中心にしていますから、真剣に問題を解くことはしていないはずです。

ですから、解けた、解けないという不安やらを感じることはないはずです。

解こうと思ってやるのは、この2回目からです。

1回目から、できるだけ間隔をあけずに、この**すでに読んだはずの3割の問題を、もう一度、今度は、解いてみよう**ということでやってみるのです。

「おいおい、いくらなんでも1回目で解説を読んだし、不足した知識も確認したんだから、簡単じゃないの」と思われるかもしれません。

しかし、実際には多くの方が、ここでもすぐに問題をスラスラと解けないというのが普通ですけどね。

ということで、2回目に解く時には、問題文で何を聞いているのか、選択式ならば、「～

正しいものはどれか」「～誤っているものはどれか」となっていたり、「必要でないものは」とか「不要なものは」というように、まどろっこしい表現になっていたりします。だから、ここを確実に問題文から読みとる。「何を聞いているかをチェックする習慣」をつけられるように、そして正解できるように、**問題の解き方ということを中心**に解いていってみてください。

もちろん、また問題を読んでわからなかったら、すぐに解説を読んで、その場で理解をすればいいのです。

いよいよ、3回目のやり方です。

今度は問題集の、どの問題を選んで、解いていくのかですが、それは、1回目2回目で奇数か偶数番号のどちらかを選んでいるはずですから、**偶数を選んでいたなら奇数、奇数を選んでいたなら偶数というように、**違う問題番号を、真剣に解いてみるというやり方になります。

すると1冊の問題集の半分の問題数を解くことになります。

問題を読んでわからなかったら、すぐに解説を読むというスタイルは変わりませんが、この3回目に解いていくうえでは、「自分にとって、まだ不足している部分を見つけること」が目的であるという認識を持つことが必要になります。

なぜ解けないのかとか、間違えてしまったとか、悔いたり落ち込む必要はありません。いわゆる**自分の弱点を見つけることが目的**ですから、そういう問題があることが、むしろ喜ばしいことと思ってください。

だって、本試験の時に、そういう問題があったらと考えてみれば、わかりますよね。

その試験に出題されている過去問を解くことで、**自分に不足された力を早く発見すればする**

問題集2、3回目の解き方

2回目の解き方のルール

- 1回目に解いた問題に挑戦する
- 何を聞いているのかチェックする
- わからなかったら解説を読む

3回目の解き方のルール

- 2回目でやらなかった問題を解く
- 5割の問題を解く
- 弱点を見つけるのを目的とする

1～3回目の解き方を実践し、弱点を洗い出そう！

ほど、対策をする時間もたくさんできることになります。

だからこそ、過去問を解くのが早ければ早いほどいいということになるのです。

そこで、自分に足りない部分としての、弱点を見つけるためには「間違えた問題には、弱点が隠れている可能性が高い」という考えが効率的です。

間違えた問題だけについては、ドッグイヤーをして、あとからでもその問題がわかるようにしておきましょう。

ただし、その問題に固執して、先に進めないということにならないように、この段階で間違えるのは当然ですし、わからない時はわからないと割り切って次の問題に進んでください。

あくまでも目的は、その**間違えた問題が解けるようになることよりも、効率的に試験に合格すること**です。

さらにいってしまえば、もしかしたら、その問題が合格するために、必要な問題ではないことだってあるのです。ですから、この3回目では、ひとつの問題に固執しすぎないように、問題集の半分をやり終えてから、そのドッグイヤーした問題をまとめて復習するようにしましょう。

ここまでが3回解くということについて、それぞれどうやって、過去問を解いていけばよいのかという具体的なアドバイスです。

これで問題集について、すでに1、2回目で3割、この3回目で5割ということで、全体の**8割の問題は、一度は解いた問題**ということになるわけです。

このような少し変わった過去問の解き方について、今まで見かけたことも、聞いたこともないとは思います。なぜなら私が独自で編み出し、自らも実践し、多くの国家資格に一発合格することができた、過去問についての効率的なやり方だからです。

もちろん、実際の私の講義において、受講生に推奨し、合格者を多く輩出するための過去問演習方法でもあります。

3回目はあくまで弱点を見つけるのが目的！

05

４つの足りないものに絞り込む

すでに本書でお伝えしたように、過去問の3回目の解き方として、間違えた問題だけについては、あとからでもその問題がわかるようにドッグイヤーをします。そして、問題集の半分をやり終えてから、そのドッグイヤーをした問題をまとめて復習することになるわけです。

そこで復習をしていくとなれば、間違えてしまった原因を絞り込む必要があります。

そのためには、どうすればよいのか？

このドッグイヤーをした問題というのは、あなたの弱点が隠れている可能性が高いのはたしかです。

ですが、間違えた問題が弱点だというだけでは、しつこいようですが、弱点を克服することができるはずがありません。

克服するためには、まずは弱点をできるだけ絞り込む必要があります。

なかには間違えたとはいえ、選択肢を2つまで絞れたのに、最後に間違えてしまったというのであれば、その2つの選択肢について絞れなかったという弱点があるわけです。ほかにも、空欄に言葉を埋める問題ならば、埋められない空欄だけが弱点です。

このように、弱点はできるだけ絞り込み、そしてその問題が解けなかった原因が何かまではっきりさせる必要があるのです。

そして、この解けなかった原因をはっきりさせて、自分の何かが足りないから間違えたのか、その足りないものが何かを割り出さなければなりません。そうでなければ、復習の意味がないのです。

では、その足りないものが何かについてですが、大きく分ければ、知識、経験、集中力、情報といった、4つです。

この**4つの足りないもの**について、それぞれ説明をします。

①知識について

「覚えるべきことを覚えていない」「理解ができていなかった」というように、その問題を解くための、必要な知識が足りていないことです。

②経験について

出題傾向として、個数、組み合わせ問題、会話形式、語群の中から選択する問題など、試験によっても、特徴のある出題パターンがあります。こういう問題について、間違えやすいのであれば、解くという経験が少ないことにより、その問題を解くためのテクニックが足りていないということです。

③集中力について

勘違いや、ケアレスミスということであれば、思い込み、読み飛ばし、過信、焦り、緊張ということもありますが、自分自身がどういうミスをしやすい傾向にあるのか把握が足りていないということです。

④情報について

国家試験は、あらかじめ満点をとらせないように作成されています。その間違えた問題が、次のような場合もあるのです。

・誰もが正解できるようなレベルではない

・ほかに法律の改正による最新の情報を知らなかったから

それらを判断するだけの、試験の出題に関する情報が足りていないということです。

このように、この４つのどれが足りないから間違えたのか、あなたが**間違えた問題がある時には、より具体的に何が足りなかったのかを、割り出すようにしてください。**

そうすることによって、どうすれば弱点を克服できるかが明確になり、効率的な復習ができるようになるのです。

弱点からこそ正しい戦い方は学べるもの！

06 どうすれば弱点を克服できるか

自分の何かが足りないから間違えたのか、その足りないものが何かを割り出せたなら、次に、どうすれば弱点を克服できるかという対策になります。

そこで、先ほどの４つの足りないものについて、どうすれば対策になり、どのように復習すればいいのでしょうか？

① 知識

「問題を解くために、必要な知識が足りない」ということですが、あくまでも本書のインプット編を参照しましょう。合格するために、『最低限、知っていなければならない知識』については、覚えるべきことを覚えて、理解すべきことは理解するようにしてください。

②　経験

特徴のある出題パターンの問題というのは、出題者からすれば、とくに受験生が引っかかるように、間違えるように作成しているわけです。

いわば引っかける気満々なんだから、一筋縄でいくわけがないのです。

だからこそ、苦手意識を持ってしまう方が多いのですが、こういった問題は、どうしても解くための**テクニックが必要**なのです。

これは、むしろ何で間違えたのかよりも、正解することができた時に、なぜ正解を出せたのかというように考えるほうが、コツをつかめるようになります。

そのために、それぞれの出題パターンに免疫をつけ、引っかけられないように、つまり**特徴をつかめるようにするために解く**という経験が必要になります。

③　集中力

ここでいう勘違いや、ケアレスミスについての集中力というのは克服するのが、一番簡単なようにも思えるかもしれません。しかし、じつは、根気強く行わなければ克服できないものだと考えてください。

まず、思いっきり違う原因で間違えているにもかかわらず、何でもかんでも、勘違いで片づけようとする方もいますので、そういうごまかしをしないことは、いうまでもなく当然です。そして、本当にケアレスミスだったということであれば、そのケアレスミスについても、次はうっかりしないようにというだけでも克服することはできません。

思い込み、読み飛ばし、過信、焦り、緊張というように、人によってさまざまなケアレスミスが考えられますから、そのケアレスミスについても、もちろん**原因を絞り込んでください。**

それぞれに対して、どうするかよりも、どういう状況の時に起きたのかを把握するほうが、改善策を絞り込むことができるのですが、人間であれば、必ず多かれ少なかれミスをするものです。ですから、改善とまでいかなくとも、**防止するための方法を考える**というのもひとつなのです。

たとえば、水戸黄門の八兵衛がうっかりする状況といえば、お茶屋や団子屋で、団子を食べている時に財布を盗まれることです。盗まれないためには、団子をひとつ食べたら必ず財布があるかを確認するということが防止策。防止策については、また詳しくは後述します。

④ 情報

資格試験というのは、ほとんどが年1回実施されます。そして、法律というのは毎年といっても大げさではないぐらい、さまざまな法律が改正されているのです。

ですから、試験に合格するためには、受験する時期においての、その試験に必要とされる法改正情報をある程度押さえておかなければならないのはたしかです。

その改正についての情報を知っていれば正解できる問題もありますが、その間違えた問題が、受験生のほとんどの人が解けない、誰も正解できない場合もあるのです。

この情報について、市販されている問題集によっては、重要度や難易度という形で、問題ごとに目安がわかるようになっているものがあります。

そういうものを利用することで、間違えた問題が、その目安で難しすぎるというランクの問題であれば、固執することなく**キッパリと割り切っていい**のです。

なので、正解できなくても、そこでの弱点を探す必要はなく、もっといえば二度と解く必要すらありません。

あらためて後述しますが、資格試験というのは、あらかじめ満点をとらせないように作成されているものなのだから、解く必要のない、正解する必要のない問題もあるのです。

このように、それぞれ、どうすれば弱点を克服できるかを明確にすることで、効率的な復習をしてください。

そして、何より、**能力を高めることができるのは、弱点を克服した時**だということを忘れないでください。

解けなかった原因をつかみ、対策を！

4つの解けなかった理由とは？

	ミスの状況		対策
①知識不足	問題を解くための知識が足りなかった！	➡	最低限覚えるべき知識は暗記しておく！
②経験不足	特有の問題が解けない！	➡	出題パターンの特徴をつかむ！
③集中力欠如	ケアレスミスをしてしまった！	➡	ミスの原因をつかみ、防止法を考える！
④情報不足	最新の情報をつかんでなかった！	➡	情報にふれておくか、この問題を捨てる！

解けなかった理由をつかみ、対策をとろう！

07

ツッコミは3分以内に的確に

暑い真夏の日のランチの時間に、私が自分の会社のスタッフへの差し入れを買うために、ハンバーガー屋のドライブスルーを利用した時の話。

私が、マイクに向かって「スパイシーバーガー3つ」と伝えると、スピーカーから「スパイシーカレーバーガー3つですね」と繰り返されました。

すかさず「スパイシーすぎるから！　カレーは入れなくていいです」とツッコミを入れると、こう返ってきました。

「失礼しました。スパイシーバーガー3つですね」

私は、滑舌もいいほうなので、「おかしいなぁ、マイクの調子でも悪いのか？」と聞き間違いをされることはないはずなのにと思いながら、次の注文。

発音を意識しながら、はっきりと「メロンソーダを3つ」と飲み物を注文。

すると、スピーカーから、まさかという店員のオーダー確認。

「クラムチャウダー3つですね」

単なる聞き間違いや、マイクの調子云々の次元を超え、しかもボケなのもわからなかったのですが、すかさず本日2度目のツッコミとばかり、「おいおい、このくそ暑い日に、すごいの放り込んでくるよなあ！」といい放ってしまいました。そしてすぐさま「メロンソーダを3つ」。

再度スピーカーから「失礼しました。メロンソーダですね」。

このような、おふざけがすぎるような、やりとりを繰り広げ、商品を受けとる窓口に車を移動すると、研修中という名札をつけた女の子の店員さんが、特有の雰囲気を漂わせて佇んでいました。あらためて申し訳なさそうに「先ほどはすみませんでした」と謝ってきました。

私は、笑顔で、「いえいえ」と商品を受けとり、会社へと戻る車の中、あの2度目のツッコミは、キレが悪かったし、よくないツッコミだったなぁと思い返しながら、反省しました。

「おいおい、このくそ暑い日に……」

こういうのは、ただ違和感を口にするだけ、文句をたれているだけ、これでは、的確なツッコミとはいえないと……。

いきなり何の話なんだと思われたかもしれません。

じつは、試験に合格するために必要不可欠な技術、それはツッコミなのです。

ツッコミなんて、お笑い芸人だけのものだろうと思われるかもしれませんが、じつは**りっぱな「合格の技術」**なのです。問題演習をする際には、とくに必要です。

そもそも、ツッコミというのは「ただの間違いの指摘」と誤解されている方が多いのではないでしょうか？

たとえば、関西人でなくても使っているのを耳にする「なんでやねん！」。

とくに「なんでやねん！」だけでは、芸のあるツッコミとはいえません。

そもそも、秀逸なツッコミというのは、ただ違和感を表明するのではなく、的確に表現するからこそ、誰が聞いても、「たしかに～」「的確すぎる～」というように、例外なく笑いたくなるようなものでなければならないのです。

ですから、ツッコミは違和感を訴えるだけや、文句をいうだけではなく、**何よりも「違和感の解決」が目的**なのです。

そして、「合格の技術」としてのツッコミにも、同じことがいえるのです。次の２つのボケについては適切にツッコミを入れるよう、心がけてください。

①自分の弱点というボケ

すでに、どうすれば弱点を克服できるのかについてでもお話ししたように、知識、経験、集中力、情報といった、４つのうちで、自分の何が足りないのか、いわゆるボケているとに気づく必要があります。そして気づいたら、より具体的にツッコミを入れて、違和感を解決するのです。原因がどれなのかをはっきりさせなければ、違和感を解決することはできませんよね。

そして、問題を解く際に、選択肢について、「わけわからない」「何となく誤っている」などというような、違和感を訴えるだけでは、芸のあるツッコミにはなりません。どこが、どのように、どうして誤っているのかを、的確に表現できるようなツッコミを入れます。

②問題を出す側のボケ（とくに頻出問題に対して）

本試験では、過去問と同じ内容の事柄であっても、他の言葉で言い換えてきたり、違った角度からの問われ方をしてくることだってあります。

とくに、資格試験によっては、頻出論点という部分があり、表現を変えて毎年出題されるような箇所があります。実務家として、最低限知っておかないと困るといった知識です。

ここについては、どのような出題側のボケであっても対応できるように、試験に合格するためのツッコミを、鋭く、秀逸なものにしなければならないのです。

さらに、試験では試験時間が決まっていることから、おおよそ択一式の問題であれば、1問を解くのにかけられる時間は、3分といったところでしょう。ということは、その制限時間内に、的確なツッコミを入れなければならないわけです。

私は講師として、受講生に問題演習をやってもらう際には、常に、「ツッコミの練習だから、的確に」とアドバイスしています。

問題演習の時は、**どこが、どのように、どうして誤っているのか**を、的確に表現できるように、ツッコミスキルを鍛えるつもりでやってください。

もちろん、お笑い芸人を目指すのではないのですから、笑いたくなるようなツッコミである必要はありません。

合格

違和感を解決してこそのツッコミ！

08

不合格は金で買うと、割り切る

「模擬試験を早いうちから受けなさい」

こうアドバイスされたことはありませんか？

よく受験生から、「まだ全部の試験範囲の勉強が終わってないのだけど」とか、「全部の復習が終わっていないから、いま模擬試験を受けてもしかたないのではないか」といった相談をされることがあります。

模擬試験は比較的に早い時期から予備校で行われますし、書店でも店頭に並びはじめますから、受験生にとっては、準備の整っている、ちょうどいいタイミングだというわけではありません。だから、その気持ちは痛いほどよくわかります。

でも、私の経験から、お話しします。

「まだ全部の勉強を終えていないから、模擬試験は受けない」

「すべての復習が終わったら模擬試験を受けようと思う」

このように、「合格できるぐらいの力がついたら、模擬試験を受けようと思う」という相談をされる方はいつになったとしても、模試を受けようと思える状況になることはありません。

そして、本試験の日がどんどん近くなってきてしまい、さすがに、一発本番で本試験に挑むというのはということで、とりあえず模擬試験をやってみただけとなってしまうのです。

これでは、せっかくの模擬試験を受ける意味がまったくない、無駄なこととなりかねません。

それならば、いっそどんな状況でも、割り切って、**一度目の模試は早い時期であっても、受けてみてください。**

もちろん、そのように模試を受けることであっても、合格するために必要であったと思えるものでなければなりません。

では、どの程度の状態であればいいのかというと、こんなイメージです。

たとえば、あなたが今まで一度も海で泳いだことがない人だとしましょう。

突然、日本海に連れて行かれて、水着を手渡されて、さぁ泳げといわれたらどうしますか？

何をいってるんだと、今まで誰にも見せたことのない顔をしながら砂浜で立ち尽くすか、無言のまま手渡された水着を思いっきり海に投げ捨て、その場から立ち去るように逃げていくことは、間違いないでしょう。

でも、しっかり泳げるという状態でなくとも、プールとかで、少しは泳いだことがあるという人であれば、波打ち際であれ海に入って泳ぐぐらいはできますし、海水浴気分は味わうことができますよね？

それと同じです。

つまり、全部の範囲の勉強は終わっていないけれど、すこしでも**過去問は解いたことがあるという程度の状態**であれば、模試を受けることは合格に必要であったと思えるようにすることはできます。

では、合格するために必要であったと思えるようにするためには、どうすればいいのでしょうか？

具体的には、この３つです。

①**現場の雰囲気**を疑似体験して知ることができる

②**時間配分の感覚**を知ることができる

③**その年の試験で狙われそうな問題**を知ることができる

最初に受ける模試では、この**3つを知ることさえできれば充分**なのです。

まず現場の雰囲気を疑似体験して知るについて、見てみましょう。

あなたも、今までにも、高校受験、大学受験、運転免許試験などと、多かれ少なかれ試験を受けた経験はあるとは思います。

そして価値ある資格試験というのは、年に1回、試験ごとに開始時間の指定があり、全国で一斉に日曜日に行われることがほとんどです。

模試は模試、本試験は本試験ということで、やはり多少の緊張感の違いはあるものの、予備校が行う模試を受験する場合、まわりはすべてあなたと同じ試験の合格を目標とした受験生です。

ですから、まさに雰囲気はそのまま、そして本試験と同じ時刻に模擬試験を開始するようにしていることが多いのです。

となると、その雰囲気のなかで、同じ試験時間で模試をやってみることで、次に、時間配分の感覚を知ることができます。

たとえば試験時間が2時間、問題数は50問といったものであれば、ちゃんと時間内に終わらせることができたならば、それはそれで自信につながります。

しかし、時間内にすべての問題を解くことができなかったとか、一応50問は解いたが、最後は時間が足りなくて焦ってしまい、とりあえずやったということになることだってあるでしょう。

そうであれば、むしろ早い時期に模試を受けたことで、合格するために不足している能力や、合格するために必要な部分をいち早く気づくことができるわけですから、それだけでも意味がありますよね。

そして、その年の試験で狙われそうな問題を知るということについてです。

現役予備校講師からいわせてもらえば、模擬試験というのは、その試験の過去問を前提にしつつも、その年の本試験を意識した問題をとり混ぜる、いわゆる『予想問題』としての模試を作成することに重点を置いています。予備校も商売ですから、そうでなければ、売れませんしね。

そして、これは市販の『模擬試験』『予想問題集』でも同じことです。

ですからこの点についてだけ知りたいというならば、本試験前に市販の本を購入すればいいわけです。

ただし、市販のものは、やはり出版までに時間がかかるため、早すぎる予想というもありますので、その予想問題の巻末等を見て、発行日を調べてから購入したほうがいいとは思います。

ということで、最初に受ける模擬試験は、あなたにとって合格するために必要となる、この3つを知るためだけと割り切り、あえて、**不合格を金で買ってやるぐらいの感覚**でやってみましょう。

3つのことを知るために早め早めの模擬試験！

第6章

これが
試験会場で行う、
一発合格する
『捨てる勉強法』

01

順調に勉強が進んでからの模試の受け方

本試験の日が徐々に近づいてくると、順調に勉強を進めている受講生から、「過去問を何度も繰り返しやってしまって、もう答えを覚えてしまった。だから、他に何をやったらいいですか？」という相談を受けることがあります。

そういう方であれば、まさに模試を最大限に活用することができます。

過去問を何度も繰り返しやっているとなれば、たしかに、ほとんどが1度は解いたことがある問題ということにはなってしまいます。

どうしても本試験となれば、やはり過去問ではなく、初めてみる問題、少々傾向が異なる問題ということになりますから、初めてみる問題でも、**できるかどうかの能力がついているかを知ることも重要なこと**となります。

そこで、自分に本試験で要求される、初めてみる問題でも対応できるだけの能力がついたかどうかを知るために、是非とも模擬試験を利用してください。

ただし、多くの模擬試験を受けようというなら、同じ予備校の模擬試験を利用するよりも、複数の予備校の模擬試験を受験してください。後ほど詳しくお話ししますが、少々傾向が異なる問題をとり混ぜて解くことになりますし、初めて見る問題でも対応できるという力を養うためにも役に立つのでオススメです。

それから予備校の模擬試験を受験すると、模試の結果として全国何位、偏差値いくつ、合格可能性は何％というような数値が出たものをもらうことになるはずです。

これはあくまでも『その予備校で模試を受けた人』のなかでの情報です。たしかに予備校側も、本試験というのはさらにたくさんの方が受験するということを踏まえたうえで、若干の修正を入れた数値を出しています。

それであっても、そもそも、模試を受験するという方は『勉強している方』『自信のある方』が一般的には多いわけですから、その**数値によって合格できるかどうかなどまったく関係ありませんので、ご安心を。**

そして、ここまで予備校の模擬試験についてお話ししておいて何ですが、確認しておきたいことがあります。

それは、初めて見る問題でも対応できるという力を養うためであれば、予備校の模擬試験を受験しなければならないなんてことはないということです。

予備校までの交通費や模試の受験料などを考えれば、時間もお金ももったいないと思う人もいるでしょう。

ならば、ご自身で市販の予想問題集を購入して、できれば図書館などの静かな場所で、本試験と同様の開始時間から、同じ時間配分で解いてみてはいかがでしょうか？

それでも、充分にその力を養うことができ、より経済的ということにもなります。

模試の成績を気にしてはならず、あくまで活用することが重要！

02

模試の問題になれすぎると危険

レストランには、日本料理、フレンチ、ベトナムいろいろありますが、時に和風、フランス風というようなネーミング、はたまた多国籍やらドイツ風イタリアンなんて結局、何料理なんだとツッコミを入れたくなることってありますよね？

もちろん、あなたが、料理の鉄人もしくは美食家であれば食事をした際に、その料理が本物か、「風」なのかといった、要するに偽物かを判断できるかもしれません。

しかし、そこまでではないなら、本格的なフランス料理とフランス「風」料理との違いはわからないのが普通です。私もそうですし、結局は、どちらにしろ美味しければいいかなといったところじゃないですかね。

さて、本試験が近づくとほとんどの方がやるであろう模擬試験についても、このレストランのたとえと同じことがいえます。

本試験がフランス料理であるならば、市販されている模擬試験や各資格予備校の模擬試験は、あくまでフランス「風」料理といった、はっきりいってしまえば、偽物なのです。

もちろん、偽物といえど、模擬試験は各予備校が過去問を検討して、できるだけ同じような能力が要求されるように工夫してつくられているはずです。たまに見当外れの、どうしようもないものもありますけどね。

そして、この模擬試験では、各模試ごとに設定された合格基準点があり、じつは、なかなかクリアするのが難しく作成されているのです。予備校の模試であれば、その大まかな理由は2つあります。

1つは、**受験者の不安を煽るため**です。自分の点数に不安を感じ、直前期だけに焦ってしまい、藁をもすがる思いになっているところで、「あなたにうってつけの直前対策講座があります」といい放ち、その予備校の講座に申し込みさせるためです。

もう1つは、その予備校の模試で、合格基準点を何度もとっている人があらわれ、実際の本試験で合格点がとれなかった時のためです。

「おたくの模試では、すべて合格基準点をクリアしていたのに、本試験では合格できなかったじゃないか！」

こんな**クレームを未然に防ごうとしている**のです。

しかし、実際にはそのような模擬試験でいい結果を出している人でも、本試験で合格点をとれない人がいます。

そこまでの実力をつけているのに、なぜ、本試験だけで合格点がとれないのかと思いますか？

その理由は、模擬試験には**予備校ごとに独自のクセ**があり、知らず知らずのうち、そのクセにあわせた実力を身につけてしまうからです。そういう人は、その予備校の模擬試験では、いい点がとれてしまいます。そしていつしか悪い意味で調子にのってしまう場合すらあるのです。

あくまで模試を作成しているのは、その予備校の講師であることが多く、いくら本試験対策の問題をつくるといっても、完全な本試験対策の問題をつくることは困難です。

そして、作成者がその予備校の講師であることから、知らず知らずのうちに、どうしてもその予備校で講座を受講している人にとって解きやすいような問題を作成していることも多くなっているのです。

となると、予備校に通い、たくさん模擬試験を受けた人になら、模擬試験の問題について、何となくでも知識で模擬試験が解けてしまうようになります。こうして、本試験で合格点をとるための能力よりも、模擬試験で合格基準点がとれる受験生ができ上がってしまうのです。

　ということで、いくら模擬試験で**合格基準点に達しているからといって、気を抜かないことが大事**です。

　模擬試験はあくまでレストランでいえば、あらかじめ、本格フレンチでも、高級フレンチでもなく、あくまで○○風だと割り切って、受験してみましょう。

慣れすぎてしまうことで油断しないように！

03

模試を○○風と割り切った後の作法

模擬試験が、あくまで○○風だと割り切れたならば、気持ちのうえでも、いわゆるドレスコードはいりません。次は、いかに○○風のレストランを堪能して、美味しかったと思えるかということになります。

模擬試験で合格基準点がとれるようになることよりも、大事なことがあります。

いかにその模擬試験を活用して、本試験で合格点をとれるだけの実力をつけるためには、どういう対策をとればいいでしょうか？

私も長いこと講師をしていて、模試を受講者にやってもらう時には、「点数なんか気にしない。あくまで模試は模試で、訓練だよ」と、いつもいい続けています。

これは真面目に一生懸命合格することを目指している受験生であればこそ、当たり前のことだと思いますが、どうしても模擬試験の点数だけに目がいってしまい、それだけで一喜一憂してしまう方が多いのです。

そして、よくない点数をとってしまうと、その時点で自分はもう合格できないとか、頭が悪いからだとか、勝手に決めつけて本試験前にあきらめてしまう方もいます。

それって、バカバカしくないですかね。何度もいうように、しょせん**模試は○○風のレストランと一緒。**

模試を作成しているのは、たかだかその予備校の講師にすぎません。あくまで**本試験を作成するのも、合格かどうかを決めるのも、**講師でもなければ受験者でもなく、どちらも本物の**本試験を実施する団体**なのです。

私が担当している講座で、私自身が作成した模試を実施する時なんて、開始前には、あえて「絶対に、合格点なんてとらせないからなっ！（笑）」と挑発するぐらいです。

自画自賛することになりますが、本試験の出題傾向の変化に対応できるように、毎年どんな講師よりも出来のいい模試をつくっています。

しかし、すでにお伝えしたように、やはり完全な本試験対策の問題をつくるということは、本試験を実施する団体ではないので、どんな講師であろうとも困難なのです。

ですから、たとえ模試でよくない点数をとってしまったとしても、模試はあくまで訓練なのだから、**点数だけに目を向けるなんてことはしない**でくださいね。

ちなみに、私自身、多くの試験を一発合格していますが、模擬試験で合格基準点などとったことはありません。

そもそも、模擬試験には予備校ごとに独自のクセがあることや、不安を煽り、直前講座に申し込ませる目的もあるということを把握していました。

「そのようなトラップにダマされないぞ」

そんな気持ちで模擬試験を受けていましたから、たとえ模試でよくない点数をとってしまっても気にしませんでした。それが気持ちのうえでよかったのです。

本当に気にしなければいけないことは、点数がどうであれ、模擬試験を活用することで、いかに**本試験で合格点をとれるだけの実力をつける**かなのです。

だから、模擬試験の結果（予備校によっては、成績表という形で、各問題の正答率などがのっているものもあります）を見て、得点できた問題と、得点できなかった問題についてだけに着目するべきです。

みんながわからないような問題をどれだけとれているかではなく、そういう問題は本試験であっても合格に影響しない、得点すべき必要のない問題だと割り切りましょう。
それよりも何より多くの人が正解しているような問題が、いわゆる得点すべき問題ということなのです。その問題をどれだけとりこぼさなかったかが、本試験においても合格点をとれるだけの実力をつける重要なポイントとなります。

得点すべき問題にもかかわらず、得点できなかった問題についてだけ、できなかった原因が何か、そもそも覚えていなかった、理解ができていなかった、勘違いして覚えていた、ケアレスミスというように、**失点の原因を必ず割り出してくださいね。**

その原因さえ割り出すことができれば、今度同じような問題に遭遇した時、得点できる可能性は高くなります。

原因を割り出すことで、○○風のレストランを堪能して、美味しかったと思えるようになります。本試験で合格点をとるために、模擬試験を活用していることになるのです。

合格

誰もが正解する問題こそ間違えないように！

04 ケアレスミスしないための技術を磨く

「ピザ・ピザ・ピザ……ここは？」

誰もが一度はやったことがあるであろう10回ゲームですね。

「ピザピザピザ……」と何度もいわせてから、ひじを指差して「ここは？」と尋ねると、つい「ひざ！」と答えてしまうというものです。

もし今までやったことがないという方であれば、誰かにやってみてください。「ひざ！」と答えないまでも、「ひじ」と答えるまでに、少し回答が遅れたりするようなことも。

これは、プライミング効果といわれるもので、関連なさそうなことでも、脳に対して先行する刺激が、後の刺激に影響を及ぼすというものなのです。

多肢択一式の試験では、問題文を読むと、「～正しいものはどれか」「～誤っているものはどれか」となっているものがほとんどです。その他にも、「必要でないものは」とか「不要なものは」とか、まどろっこしい表現も増えています。

たとえば、本番の試験の時に、次のようになっている場合があります。

第1問に「~正しいものはどれか」
第2問に「~正しいものはどれか」
第3問に「~正しいものはどれか」
第4問は、「~誤っているものはどれか」

このように第4問の問題文では、「~誤っているものはどれか」と聞いているにもかかわらず、解答用紙には「正しいもの」を選んでしまうという、いわばケアレスミスをしてしまうのです。

いやいや、そこまで単純なミスはしないだろうと思われる方もいるとは思いますが、限られた試験時間のなかで、50問80問というように、かなりの問題数を解いていかなければならないわけです。

ですから、プライミング効果といわれるものの影響を、まったく受けないということはありえません。なぜなら、多くの受験生が必ず例年やってしまい、惜しくもという場面を数え切れないほど見ているからです。

しかし、あなたにはすでに、この単純ミスが起こりえることをお伝えしたわけですから、あらかじめどうすれば防げるかについてだけを考えればいいわけです。

このプライミング効果の影響で、惜しくもということにならないための方法というのは、じつは、**単純作業で防ぐことができる**のです。

当たり前のことではありますが、問題においては、確実に正解肢を選びとらなければなりません。

だからこそ、問題文を読んで、「～正しいものはどれか？」だったら、たとえば問題文の空白に目立つように○を書いたり、または「正しいものは……」となっている部分にアンダーラインを引いて強調します。

同じように「～誤っているものはどれか」となっているならば、問題文の空白に目立つように×を書くというように、それぞれご自身なりに、**問題が「何を聞いているかをチェックする」**という単純作業の習慣をつけてください。

さらに、多肢択一式のそれぞれの肢を検討したら……あっているな、と思うものは○違うと感じたら×をつけるようにしていきます（正・誤などの文字でも何でもいいですよ）。

そして、問題文で目立つよう書いた○と、それぞれの肢の検討によってつけた○を照らしあわせて、解答用紙に記入してください。
本試験では、少なからず誰しもが緊張するもの。現場で、単純なミスをなくすためには、この**単純な作業が「かなりの効果」**を発揮します。また、見直しの段階でも印があることで、かなりの時間の短縮になります。

それでは、シャンデリアって10回いってみてください。
毒のリンゴを食べた童話の主人公は？
もちろん、正解は……「シンデレラ」ではなく「白雪姫」です。

合格

脳がエラーをしないために
チェックの習慣を！

多肢択一式の問題で注意しておくこと

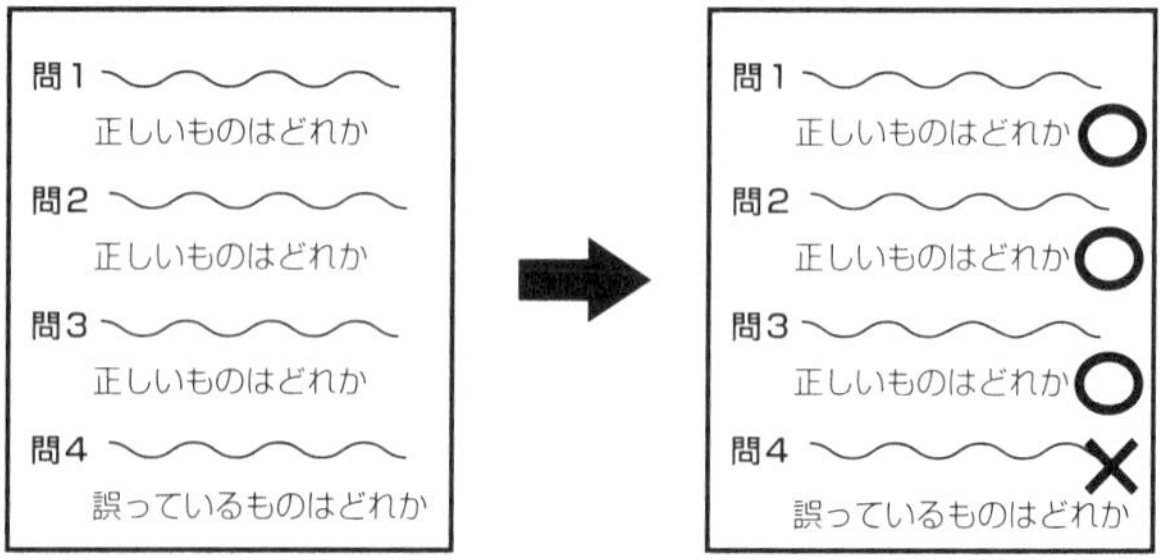

このままではケアレスミスをしかねない……

正しいものには○、
誤っているものには ×
をはっきりわかるように記入する！

何を聞いているのかをチェックする習慣をつける！

05 どちらか迷った時の、割り切り

私が多くの国家試験に、一発合格しているということは、多くの試験を受験しているということになります。これは資格試験の講師をするようになってからも、受験生として、会場に行き、緊張感のなか、試験問題を解いてきたわけです。

もともとは旧司法試験の勉強をしていますし、講師である以上は、かなりの法律知識は身につけなければならないのは当然です。

ですが、そんな私であっても、多肢択一式の問題で問題文を読んで、「〜正しいものはどれか？」と聞かれて、選択肢をすべて検討しても、正解がないように見える場合があります。それはさまざまな法律知識から判断しても、どの選択肢も間違っているというように見える場合があるということです。

もちろん、国家試験でありながら、問題作成者のミスで「本当に正解がない」ということもあります。その場合であれば、いわゆるボツ問として、どれを選んだとしても、全員に配点されるなどの粋な計らいがとられるので問題はないのですが……。

その場合でなく、正解がないように見える時、真面目で頭の固い人というのは、どうしても「正解がないものはない」ということになってしまいます。

しかし、柔軟に考えれば、この問題というのは、「王様の命令は、絶対！」と同じなのです。くじを引いて、王様は「○番が○で○○をする」などの「命令」を出すと、指名された者は、命令内容を実行しなければいけません。一昔前に流行った飲み会などで定番の遊びの王様ゲーム。それでいうところの命令なのです。

命令されているのは受験生ですから、王様として命令するほうである**出題者の要求が無理な要求でも、**歯向かわずに、これは**いうことを聞かなければならない**のです。

では、正解がないように見える場合に、どうすればいいのでしょうか？

居酒屋などで見かける、楽しそうな飲み会で、こんな無茶な質問をする人、見たことありませんか？

「このなかで、かっこいいと思う人は？」

どう見ても、誰ひとりかっこいい人がいなくても。

ですから、しかたなくても、そのなかで、一番マシな人を選ぶというようなことです。

「王様の命令は、絶対。しかたないから、正解に近くて、一番マシなものを探す」と思って、割り切るのです。

このように割り切れば、迷いを断ち切り、選択肢を選ぶことの踏ん切りもつくはずです。

全部間違っているように思えたり、全部正しいように思えたりして、迷っていることで、試験時間をとられていくことだってあります。簡単そうな問題でありながら時間をとられる問題というのも意外とあるものなのです。

ここで、しっかり頭に置いておかなければならないことは、**問題には正解があるようにつくってある、正解は必ずひとつある**ということです。

なくても、一番マシなものに決めなければなりません。

あえてでも選ばれなければならない時もある！

06

試験では1問目から解かないと、割り切れ！

義務教育時代よりも前、幼稚園ぐらいからあいさつや整理整頓、整列や順番を守ることなどのルールを身につけるように教えられて育つものです。

大人になって、とくに順番を守れない人を見れば、なんてモラルがない人なのだと思われてしまいます。それはある意味、社会性という面でのことであって、試験勉強については、順番を守る必要がないことをこれまでもお話ししてきました。

これについては、実際に本試験で問題を解いていく時にも同じで、順番を守ってはいけないのです。

なぜなら、「資格試験は落とすための試験」ですから、やはり問題をつくる側は巧妙なワナをしかけてくるのです。

じつは、1問目に簡単な問題があることなど、ほとんどありません。

問題をつくる側というのは、やはり賢いわけです。ですから、どうすれば落とすための試験をつくることができるかわかっています。

ほとんどの受験生は、礼儀正しく1問目から順々に問題を解いていくものですし、それが染みついてしまっているもの。だから、あえて1問目というのは、受験生にとって動揺させるような問題にしてあることが多いのです。

もし順序を守る真面目な方が、そのなかなか解けない難問につき合っていたりすれば、時間がなくなってしまい、確実に焦ることになります。焦ったあげくに、誰もが間違えないような簡単で、確実に正解を出せる問題をしくじるかもしれません。さらに下手したら時間がなくなって、その確実に正解を出せる問題まで到達することができないことも考えられます。全部の問題を解くための時間すら足りなくなってしまうかもしれません。

いや、むしろそうなるように、そもそも試験はつくられているのです。問題をつくる側の思考が何となくわかってきたのではないでしょうか？

まさに人生において、ろくでもない人とかかわると無駄な時間を費やしてしまうことと同じ。これは試験に合格した後に、法律の実務家として活躍するうえでも、こういった峻別は必要なことです。

なぜなら、いやな話になりますが、この業界では**依頼人は嘘をつくというのが鉄則**だからです。

もしも、そんな依頼人とつき合うことになれば無駄な時間だけではなく、せっかく合格した資格すら剥奪されてしまうことすらあるのです。

なので、試験においては、まったく**順番など守る必要などはありません。**

試験に合格するためだと割り切って、解く順番も次のように工夫をします。

まず簡単で時間がかからない問題から解き、次に中くらいの難易度の問題をやり、最後に難しい問題にチャレンジしていくという順序で解いていくようにしましょう。

しかし、どうしても1問目から順序よく解いていくことにこだわりたいのなら、本番の試験の時に、1問目に何分、2問目に何分、3問目に何分など、問題を解くためにかけられる時間を割り出すことです。

そのためには、過去問や模擬試験などを進める時に、時間の割り振りを決めておく必要があります。

あくまでも、その割り出しておいた時間がきたら、後ろ髪を引かれる思いであってもスパッとやめて次の問題に、割り切って進んでいくというやり方で解いてください。時間を割り出して進めるのなら、本番前にその訓練をすることをオススメします。

ということで、企業であってもコンプライアンスといわれているように、法令遵守は基本です。

試験においては、順番を守る必要がなくても、法律というルールを勉強している以上は、社会のルールを守るのは当然ですから、そこでは順番を守ってください。

想定の範囲内で試験問題を解いていく！

07

解かない問題を決めれば、時間を味方につけられる！

年度別の過去問や、模擬問題を受験する時でも、最後まで確実に問題を解き切るためには、割り出しておいた時間がきたら、後ろ髪を引かれる思いであってもスパッとやめて次の問題に進んでいくというやり方で解いてください。

1問にどのくらいの時間をかけることができるかという時間配分については、必ず割り出しておくべきことです。

本試験ともなると、どうしても普段よりも丁寧に問題を解いてしまい、多くの受験生が時間が足りなくなってしまったとか、焦りながらもギリギリだったという話をします。これは、ほぼ割り出した時間通りに、全部の問題を真剣に解こうとしていることが原因です。

であれば、この方法に慣れてきたところで、問題は解くのに制限時間を超えそうだということがわかったら、迷わずその**問題を飛ばしていくというテクニック**も使えるようにしておきましょう。

いっそのこと最初からそういう問題があれば、「5問までは飛ばしてしまう」というように決めておいたほうがいいかもしれません。

そうすれば、少なくとも10分程度の余裕ができます。

ちなみに目安としては、試験問題の多くても1割程度の問題数でもかまいません。

繰り返しになりますが、国家試験というものは、**落とすための試験であるため、ほぼ満点はとれないように作成されている**のです。

つい最近でも、それが明らかになるような事件として、問題を教え子の受験生に漏えいしたということがありました。

それが発覚した理由は、受験生の短答式試験が50点満点、論文の答案もほぼ満点だったため、採点した考査委員が不審に思ったことからです。

ということで、このことからも満点をとれないようになっていることがわかるのではないでしょうか？

だから、本試験というのは、毎年、これまで見たこともないような難問、奇問というレベルの問題で、まさに作成した人しか解くことができないような問題が出題されるのです。
そういう難問は、受験生がみんなできない問題だと、気にすることなく飛ばすことで、余裕を持った時間配分に調整することができるようになります。この問題を飛ばしていくということは、かなりの割り切りが必要です。しかし、飛ばすことをしないと、時間も味方につけることができません。

試験で大事なのは、「とれるところをとる」ことです。「ほとんどの人ができない難問」を見事に解くよりも、「ほとんどの人が正解する問題」を確実に正解していくほうが、はるかに合格に近づくことができるのです。

さらに、とれる問題についても、いくつかに分けられます。

①暗記だけで解けるもの
②計算や図などでかなりしっかり考えなければ解けないもの
③この2つのあいだぐらいで解けるもの

このように、3つに分類することができます。

その３つについて、それぞれ時間配分を多少調整するようにしてください。

暗記だけで解けるものというのは、短い時間で解けますし、いくら時間を費やそうが覚えていなければ、解けないわけです。そこで悩むような時間を使うならば、その時間をしっかり考えなければならない問題に割り振るべきです。

まず簡単に解ける問題を解いて、点数を確保してから、じっくり難しい問題にとり組むほうが、**絶対に効率がいい**のです。

合格

時間配分をあらかじめ決めておく！

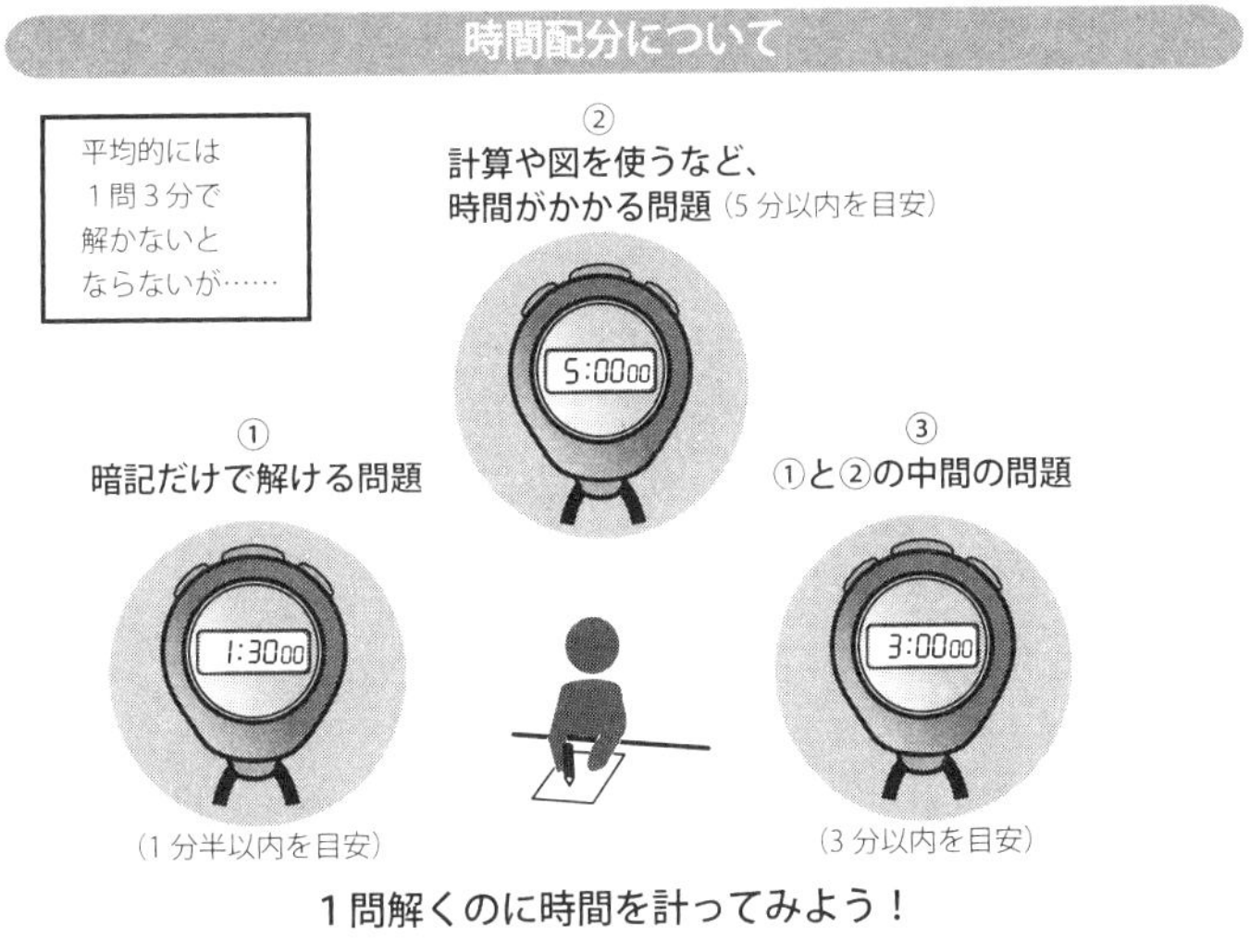

時間配分について
平均的には
１問３分で
解かないと
ならないが……
②
計算や図を使うなど、
時間がかかる問題（5分以内を目安）
5:00 00
①
暗記だけで解ける問題
1:30 00
（1分半以内を目安）
③
①と②の中間の問題
3:00 00
（3分以内を目安）
１問解くのに時間を計ってみよう！

08

試験時間÷2で、倍の問題を解け！

あなたにとっての運命の日といってもいい、本試験当日について考えてみましょう。

本試験当日というのは、成果を試される日です。

そして試験会場は初めて体験する場所でもあるわけですし、緊張するなといっても、まわりの受験生の雰囲気にのまれて緊張をしてしまうのが普通です。

となれば、本試験日はいつもよりも、普段と同じように力が発揮できない可能性が高いわけです。

もちろん、「緊張って何？　蚊取り線香でも売っているの？」というぐらいであれば、申し分ありませんが、なかなかそうはいきません。

だから、緊張するなということではなく、試験当日に確実に合格するための力を発揮するためには、試験合格にギリギリ必要とされている力をつけるだけでは足りず、それを**上回る力をつける必要**があるのです。

それは、たとえ緊張して普段と同じように力が発揮できなかったとしても、確実に合格するための力が出せる状態ということです。

さらに、合格することが大変だといわれている試験ほど、試験時間に余裕がありません。

これは、もしかしたら、試験本番では単なる知識や理解だけでなく、与えられた**時間が少ない時の対応力**なども問われているのかもしれません。

しかし、模試とは違って、本試験では時間が余ったなんて人は、まず、ほとんどいないのではないでしょうか？

2時間であればキッチリ見直しを含めて最後まで2時間かけるとか、順調に解いていても時間があっという間に進み、何とか見直しはできなかったけれど最後まで解くことができたとか、本当に信じられないくらいにあっという間に時間が進んでしまいます。人生で最速の2時間ではないかと思われるくらいに短く感じるのが、本試験なのです。

であれば、たとえ**時間が短くても解けるという訓練**をしておけば、試験当日でも落ち着いて行動ができるようになります。

では、どうしたら試験の制限時間よりも短い時間で問題が解けるようになるのでしょうか？

それは、一度解いたことがある問題、つまり過去問を二度目に解く時や、模擬試験の解き直しをする時は、時間を短縮するのです。

たとえば本試験で出題される問題の数が50問だとして、解くために与えられている時間が2時間だったとしたら、1時間でやってみることです。

「おいおい、ちょっときついなぁ」とか、「マジかよ」と思われる方もいるかもしれませんが、そもそも、ムチャぶりのようなことですから、解けなかったとしてもいいわけです。

しかし、もしできるようになったとしたら、あなたには、試験合格にギリギリ必要とされている力ではなく、それを上回る力をつけたということになりませんか？

やはり直前期については、あなたにとって**「ちょっときついなぁ」というレベルの練習**を積み重ねておくことで、「時間がない」時であっても、焦らず冷静に、合格に必要な力を上回ることができるようになります。

そして、それが**試験本番に必ず活きてくる**のです。

合格 ギリギリで挑むのではなく ギリギリまで練習はする！

09

試験開始30分前まで予定を入れる

試験の日が近づいてくると、誰でも緊張してくるものです。

受験生が、よく本試験会場の異様な雰囲気にのまれてしまってなんてことをいっていたりします。異様だと感じるのは、あくまで同じような精神状態である受験生が集まっているから、そのように感じるだけです。深刻な顔や緊張感を感じさせる人の近くにいると、うつるからかもしれません。

しかし、しっかり合格する能力をつけてきたのならば、**今まで通りにすれば合格できる**はずです。この今まで通りにするというのが、ちょっとした〝合格のコツ〟なのですが、それができない人が多いのも現実で、仕方のないことではあります。

そこで私が講師として、本試験当日までについて、受験生にアドバイスすることを、いくつかお話ししますので、是非とも、やれそうなことならばとり入れてみてください。

まず理想的なのは、常日頃から試験当日を意識した生活にすることです。そのためにはまず、試験の日と同じ時間に起床する生活に切り替えてください。

これについては、**脳の活動が活発になるのが、起床してから3時間後**ぐらいからとされていますので、自分が受験する試験の開始時間を調べて、遅くともその3時間前には起床していることが大切だからです。

試験日だけ、いつもよりも早く起きなければなんてことになれば、脳のコンディション的にもいつも通りとはいえず、ぼ～っとしたままなんてことになりかねません。

あまり厳しくしすぎると続きませんから、遅くとも1週間前を目安にすれば充分です。

そして、いつも疲れていて栄養ドリンクを愛飲している方は、栄養ドリンクを断ってください。

ちなみに、翼をさずけるエナジードリンクとか、元気ハツラツというものは清涼飲料水ですから、お好きであればスッキリするためにでも飲んでかまいません。

お酒はどうかということですが、アル中でなければ1週間は断ちましょう。酒にのまれるが如く、試験会場の雰囲気にのまれても困りますし、むしろ試験が終わるまで我慢して、合格を確信しながら飲む勝利の美酒ともなれば格別なはずです。

そして試験当日は、朝食と受験票は忘れずに、不安や焦りは忘れるようにするために、

試験会場へは必ずどんなことがあっても**1時間前についておく**ようにしましょう。

これはホームグラウンド効果といって、人というのは、普段あまり慣れていない場所に来てしまうと、能力の半分も出せなかったりするものです。

しかし、少しの時間でその場所に慣れると、心理的にリラックスもでき、精神的に余裕がうまれるものです。なるべく早めに試験会場について、寝る前に覚えたことや、過去問（簡単な問題）を5問くらい軽く解いて調子を整えておくことが必要です。

そして、これが一番重要なことで、さきほどの**栄養ドリンクを、試験がはじまる30分前に、くいっとやる**こと。すると、ちょうど30分後の試験開始から効き目があらわれ、脳みその回転が持続できるようになりますから、試験がおわるまでは、大丈夫。

この栄養ドリンクというのは、清涼飲料水ではなく、医薬部外品で、滋養強壮、虚弱体質の改善及び栄養補給が目的とされているものです。

そして、何より**「タウリン」が入っているもの**を飲んでください。タウリンには、いろいろな効用があり、とくに筋肉の収縮力を強める作用があるため、心臓の機能によく、さらに気分に影響を与え、ストレスや不安を解消することから、精神疲労に効果があるといわれていたりします。

また、脳疲労や認知機能の改善に効果があり、学習と記憶力が向上するともいわれていたりするものなのです。

特に大正製薬から何かをもらっているわけではありませんが、リポビタンDを飲めば、まさに、**ファイト、一発合格**って感じになるかもしれません（笑）。

どうしても栄養ドリンクが苦手という人もいるかもしれませんから、その場合はチョコレートを。ビターなんて人生のほろ苦さを感じるものではなく、マイルドなものを食べてみてください。

合格

脳の回転数と持続力をベストコンディションに！

試験日当日の流れをつかむ

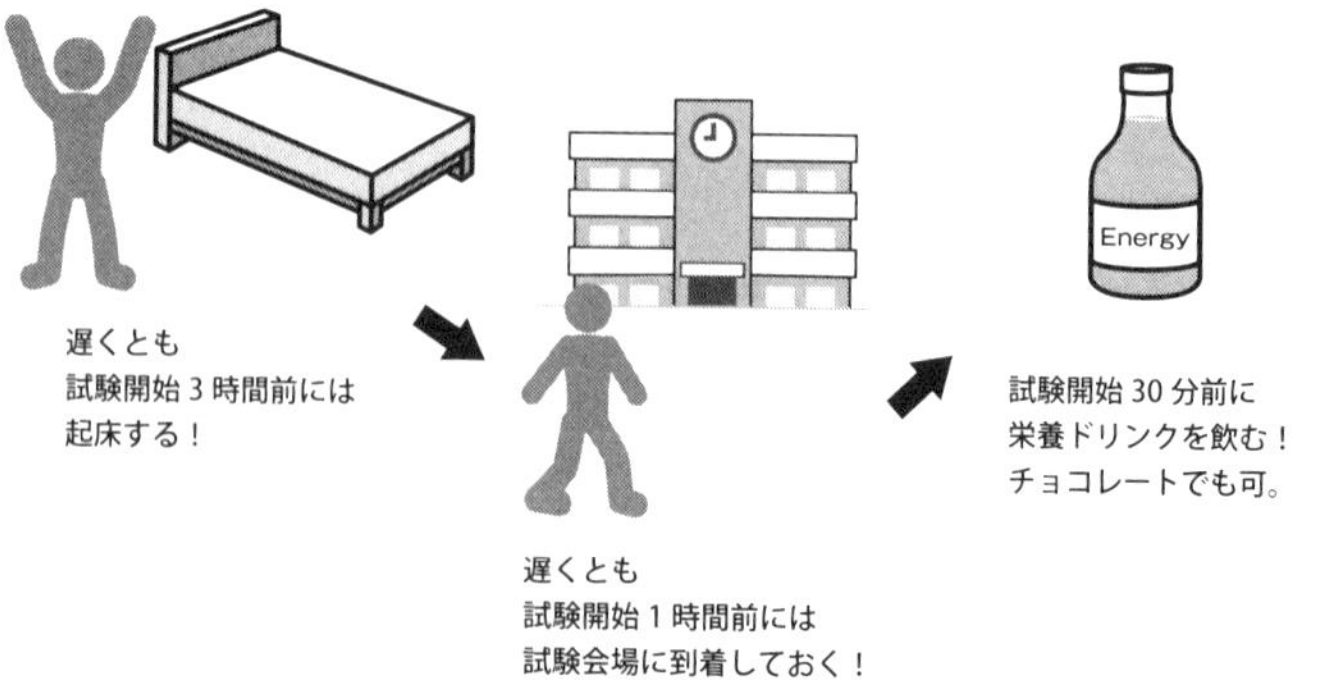
遅くとも
試験開始 3 時間前には
起床する！
遅くとも
試験開始 1 時間前には
試験会場に到着しておく！
Energy
試験開始 30 分前に
栄養ドリンクを飲む！
チョコレートでも可。

試験日のスケジュールを確定しておこう！

10 本試験当日に、ベストを尽くすための気持ちの割り切り

試験の1カ月前までには必要な範囲をすべて終わらせて、試験に合格できるぐらいの状態にしたほうがよいことはお話ししてきました。

しかし、ちょうどこの時期ぐらいになると、受験生は「あと1カ月しかない」といったり、思ったりすることが多くなります。

ここまでお伝えしたことで、あなたにとって合格に不要なことが何かを把握して、無駄を徹底的に排除することで、合格に必要なものは何かをしっかり割り出すことができているはずです。

自分に一番あった勉強法を見つけることができていれば、あと1カ月しかではなく、あと1カ月『も』あるということになります。

時間というのは、全員に同じように与えられているわけで、それをうまく使えるかどうかは、あなた次第です。

もしそれでも、**1カ月前に、不安や悩むことがあるならば、それは合格する可能性が高いということ。**

まぎれもなく、それは合格したい証拠です。

もう合格をあきらめてしまっている人には、そういった不安や悩みはないわけですから……。

そして、この本試験日が近くなる時期というのは、無性に部屋の掃除をしたくなるというように、どうしても不安な気持ちや緊張や焦りから、逃げたくなってしまうものです。それが人間の深層心理です。その気持ちは痛いほどよくわかりますが、逃げてはいけません。

この直前期の追い込みとしての頑張りが、確実に合格につながると信じましょう。

「初心忘るべからず」という言葉があるように、どうしても人は何かを長くやっていると、慣れてきて初めのまじめさが薄れます。なまけ心が起き、自分が優れていると思い込み、やっていることに満足するようになりがちです。

ですから、そういう気持ちを戒めることで、物事の完成度は高まるものです。

また、直前期は、ついつい手を広げたり、些末な知識に目がいったりしてしまうものです。それでも、ここまで無駄を徹底的に排除してきたのだから、**新しい問題集や新しい参考書には絶対に手を広げてはいけません。**

どうしてもというなら、過去問を第5章でお伝えしたように解いていれば、２割の問題がやらずに残っているはずですから、解いてみるのもいいかもしれません。

１カ月前の不安と悩みこそ、合格に近づいているサイン！

11

本番で不安に襲われないために

本試験の問題の出し方に慣れる最善の方法は、過去問です。

そして曖昧に覚えているところや何となくの知識を、問題を見ながら、確実にしておくこと。最後にたくさん詰め込むというよりは、曖昧にしている部分を割り出し、正確におさえる。慣れ親しんだテキスト、過去問で勉強した内容を、徹底的に見直しすることで充分だということです。

これは本試験当日も同じことで、時間内に問題を解いて、時間が余ったら、徹底的に見直しをしてください。

試験では1点に泣く人が、どんな試験でも毎年必ずいます。あなたがそうならないためにも、とにかく**確実な1点をとりこぼさないような見直し**をしましょう。

しかし、本試験には、試験終了の15分前に現れる魔物が棲んでいます。だから見直しする時には、よほどでない限りは、答えを変えてはいけません。

たとえば、序盤に解いた時に、選択肢を２つにまで絞れて、どちらにするか迷いながらも決めたものがあるとします。そういう選択肢を変更するならば、明らかに間違えて選んでいたということが、しっかり見直しで割り出せた場合だけ、変更するようにしてください。

見直しによって、何となく不安だからで変更してしまうと、じつは、変更前に選んでいたものが正解で、逆に２～３点下がってしまうなんてことがあります。

これは、まさに**不安というだけの魔物にやられた**ということになってしまいます。

そして、試験終了の合図があるまでは、答案用紙に名前と受験番号が書いてあるかの確認をしてください。試験後に、自己採点したら合格点だけど、名前を書いたかどうか不安で合格発表までドキマギしている方が毎年いるからです。結局は、しっかり名前も書いてあり、合格しているのですが、それだけ試験の本番というのは、精神状態が変になってしまうのかもしれません。

どんな試験であっても、受験料を払って試験に申し込みはしても、試験会場まで来ることなく、途中で**あきらめてしまう人が３割**もいます。

だから、何よりも肝心なことというのは、最後まであきらめないこと。これは、当たり前のことですが、じつはとっても大切なことです。

試験日までは勉強を続け、試験終了の合図があるまでは、どんなことがあっても、割り切って、**最後まであきらめず**に、合格を勝ちとるようにしてください。

試験である以上は、他人に勝たなければなりません。

しかし、他人に勝つためには、まず**自分自身に勝てなければ、他人に勝つことなどできるわけがない**のです。

ですから、目指す試験に合格するためには「捨てる勉強法」をマスターする。そして、**あなたが自己ベストを尽くすこと**なのです。

無駄な勉強法はキッパリ捨てて、絶対に合格する
という気持ちは最後まで捨ててはならない！

第7章

一発合格した後に知っておいてほしいこと

01 合格の価値を高めるために、考えておくこととは？

試験に合格した後、資格によっては、合格後に登録をしなければ、実際には業務ができないというものがほとんどです。

そして、なかには登録の際に、一定の研修などがあるものもあります。

そこでは、その試験に合格した人たちが集まって研修を受けることになり、皆さん、まぁうれしそうです。まさに価値ある試験に合格したという喜びを噛みしめながら、その資格を専門分野にして、**新しい第一歩を踏み出そうとする**雰囲気にあふれています。

あの試験会場のように、不安や緊張という顔をしていた人たちとは思えないぐらいに、晴れやかだったりします。

ちなみに、私の場合には、本当の目標はまだ先にありますから、そこまで晴れやかな顔で参加するということはなく、若干面倒くさいなぁと思ってしまいます。

普段は自分が講師として、いろいろな国家資格の講座を担当していますが、そこでは登録するための研修ということもあり、いち参加者という立場です。

こういった研修というのは、すでに合格した人たちに対しての儀式のようなものですから、そもそも合格させたいとかいう熱意など必要ないため、研修を担当している講師もダラダラと話していたり、「こいつら魔法使いかよ」と感じるぐらい眠くなる話を聞かなければなりません。まさに拷問ではないのかとすら感じます。

よくもまぁ研修費用として、そこそこお金をとってるくせに、朗読会のようなことをするなぁと、お金をドブに捨てたような気に、私はなってしまうのですが、まわりの参加者は真剣で、目を輝かせながら聞いていたりします。

やはり**合格者ということで、ヤル気に満ちあふれている**のかもしれません。

そういう合格した後の様子を見ると、私の受講生たちを、もっと合格させてあげたいという気持ちになりますし、こういう研修を担当しているヤル気のない講師にはなりたくないという気持ちにもさせてくれます。

そう割り切って考えれば、この登録するためにしかたなく参加している研修であっても、私にとっては無駄ではないということになるわけです。

そんな研修ですから、休憩時間は当然あり、参加している人のほとんどが初対面にもかかわらず、**価値ある試験に合格した**という、ある種の共通点か、その連帯感からか、すぐにうちとけるような雰囲気があります。そこでの会話の内容というのは、どういう勉強をして、どのぐらいの期間で合格した、どこの予備校に通っていたという話題が、なぜかとても多いのです。

そんななか、勉強してきた期間の頑張りを誇らしげに思っている口ぶりの、苦節7年目で合格できたという年配のおじさんから、私も話しかけられました。

もちろん質問は、何回目で合格できたのかと、勉強期間。

そこで私もまだ若かったため（今でも若いですが）、正直に「3カ月で、一発合格」と答えると、まるで嘘つきでも見るかのような態度をされ、疑っているからこその質問攻撃にあいました。それを近くで見ていた方が、私の講座を受講していたわけではないのに知っていてくれ、いろんな資格の講師をしている人だと説明してくれました。そのおかげで、そのおじさんは納得してくれました。

たしかに合格率が10％にすら満たない資格試験ですし、そういった長期間に渡って、受験し続ける人が多いことも事実です。そこで聞こえてくる会話でも、ほとんどが長い期間勉強してきたことを自慢とも思えるぐらいに話している人のほうが多いことからもわかります。

もちろん、そういった長い期間あきらめないで、合格することができているのですから、どちらにしろ、すごいことではあります。

でも、人間はロボットではないため、実際に働ける期間というものがあります。やはり、その合格までに時間を使ってしまえば、その資格を活かして、稼ぐための期間が少なくなってしまうということも考えなければなりません。

その長期間勉強を続けることで、合格している方がすべて裕福であるとも限りません。勉強をしていれば、それなりのお金は出ていくものです。

費用対効果がいいとはいえなくなります。

あくまでも**合格は、通過点でゴールではない**のです。

ですから、あなたの人生にとっても、試験というものは**短期間で合格すればするほど、価値はより高まる**ものなのです。

合格までのコストパフォーマンスも大切！

02

資格をとって、うまくいくかどうかも、勉強法で決まる?

弁護士会、司法書士会、行政書士会、社労士会……というように、試験に合格した後に、もしも合格した資格で業務を行おうとするのであれば、そういった会に登録をしないといけなくなります。合格しただけで、業務をして報酬を得るようなことをしてしまえば、どんなに優秀で素晴らしい仕事をしたとしても、罰せられます。

そして、入会するとなれば、やはり、またもやお金が必要になるわけです。弁護士ともなると100万円ぐらいの年会費を支払うことになるため、入会金や年会費を払えないから弁護士会への登録をあきらめる人も多いそうです。その他の資格であれば、そこまでの会費ということにはなりませんが、どちらにしても最初は入会金、そして年会費を支払い続けることになります。

まず入会当初からお客がいることなど、ほとんどありませんから、いわゆる赤字からのスタートになるわけです。

入会当時、入会の手続きのため、その事務局に出向き、それらのお金を窓口で払ったと同時に、おかしなことに急に事務員さんが、私を先生と呼びはじめてきました。

一般の人であれば、人生でお世辞以外で、まわりから先生なんてなかなか呼ばれることはありませんから、うれしいことだと思います。

試験に合格するということは、その先に先生と呼ばれるようになることを目指して頑張って勉強していた人も多いはずだからです。

ですが私の場合は、もともと大学での教員や資格講座の講師をしていたことで、すでに先生と呼ばれ慣れてしまっていたこともありますし、私自身、自分が先生と呼ばれることに、いまだにむずがゆさを感じてしまうタイプですから、そこまでの感動はありません。

だから、その時にも、お金を支払っただけで先生と呼んでくれるなんて、何かのプレイみたいだとしか思わず、うれしいとは思えませんでした（笑）。

それに私は、今でも先生だから偉いとかいう感覚がまったくなく、むしろ仕事の内容で評価してもらいたいという考えが強いこともあります。

当たり前のことですが、仕事での評価というものが、やはり報酬としていただけるものにも比例していくものです。

企業生存率ということを聞いたことがある人もいると思いますが、創業してから期を重ね、いろいろな困難を乗り越えて会社は経営されていきます。諸説あるものの、その会社が倒産せずに、経営されていくことを生存率と呼んでいるようです。

中小企業庁が公表しているものでは、実際、創業1年目で約30％近くが消滅し、さらに5年後の生存率は約40％、10年後では約25％の企業しか生存していないそうです。

資格試験に合格して、独立開業となると今では法人化をすることもできるのですが、一般的には個人事業としての事務所ということになります。

そういった、個人事業所の場合は法人に比べ、さらに生存率が低く、創業1年目の退出率が約40％、5年後の生存率は約25％、10年後では約10％の生存率。

ということは、10年で90％が倒産もしくは解散となってしまうのだそうです。

すると、合格率10％に満たない試験に合格して、独立開業しても、さらに**10年後に残ることができるのは**、大雑把にいえば、**たったの1割**ということです。

これは開業しようなんて思ってはいけないということではありません。

私自身、個人事務所と会社を経営していますが、どちらもおかげさまで、すでに10年以上経つことができています。

ということで、せっかく、こういった統計があるのですから、**開業しようとするなら、1年後、せめて5年後の明確な目標を決めること**です。

そして、それを達成するために、やはり必要なことが何かをしっかり逆算して考え、無駄を徹底的に排除するという、**捨てる勉強法を使えばいい**のです。

資格をとった後に、何をするかなど、目標を立てておく！

03

人の立場に立って、物事を考えられるか

今の社会では、先生と呼ばれる人というと、その人の発言について一目置かれます。たとえば、弁護士が話すことと、ただ法学部を卒業して法律に詳しいという人が話すことでは、たとえ同じ話であっても受けとられ方は変わると思います。

さらに、同じ発言を、実力があるとされる人がいうか、何も取り柄がない人がいうかでも、受けとられ方が随分変わり、極端にいうならば、何らかの実力やステータスがないと信用してもらえないことすらあります。

なぜこういうことになるのでしょうか?

それは日本でも成果主義が普及した企業において、その成果を評価する者の能力次第では、公正で効果的な評価が難しくなるといわれているように、評価するという能力が低い人が多いからです。これは、やはり人を見る目がある人が少ないともいえますし、日本ではそういう成果や実力というものを評価するということに誰も慣れていないのです。

努力することは大切なことですが、必ずしも努力しても評価されるとは限りません。ときに努力しても、結果が見えなければ評価されないシビアな社会でもあります。

だから、試験勉強をした結果、価値のある資格をとることは、目に見えてわかりやすいものを手に入れることにもなるのです。

だからこそ、さきほどのように、先生といわれ、国家資格を取得しているというだけでも、専門知識があるはずだと思われます。難しいといわれる資格を持っている人であれば、ちょっとやそっとではできないことができる実力のある人だろうとも思ってもらいやすくなるのです。

しかも**専門分野における資格がある人の発言**は、そうでない人よりも**必ず尊重されます**から、確実に評価される付加価値を自分につけることにもなります。

しかし、それをいいことに、そういう人というのは調子こいて、専門用語を羅列してみたり、難しい話を難しいまま話したり、正直それを理解できているのは話している自分だけだろということも多いのです。むしろ、難解なことをいうことで、自分は賢い、優秀だとでもいいたいのかと感じることすらあります。

あなたが合格した後に、しっかりと専門分野を持って仕事をしていくことになれば、**誰**

にでもわかりやすいように話ができることは必要なことです。

そして法律家というのは、人のもめごとを解決する仕事ということにもなります。その時には、依頼人など自分の側の人だけでなく、相手方の気持ちに立って物事を考えること。これを考えなければ、丸く収まるものも収まらなくなります。

これは試験に合格する素質というだけでなく、優秀な実務家になるための素質でもあります。さらに開業して10年後でも残ることができる1割になるためにも重要なことだといってもよいくらいです。

私も長いこと士業として仕事をするようになり、ありがたいことに懇意にしてくれる方や、なかよくなる方にも、一般的に先生と呼ばれる方が多くなりました。

そういえば、試験に合格するということは、その先に先生と呼ばれるようになることを目指して頑張って勉強していた人も多いということをお話ししました。

これを書いていて、ふと思ったのですが、私はその方々に対して、君づけで呼ぶというジャニーズ方式を勝手にとっていて、今まであまり先生という呼び方をしてきませんでした。

しかし、きっとそういった方々も、もしかしたら先生と呼ばれるようになりたいと思って、試験に合格するために努力してきた人なのかもしれません。

そして、開業して10年を軽く超える方ばかりですから、今後はそのことにも敬意を払いつつ、相手方の気持ちに立って、先生と呼んでみようかと思います。

まぁ、本当に親しく友人だと思っているから、先生と呼ばないという意味もあるのですけどね（笑）。

「相手の気持ちに立って物事を考える」ことは、仕事を進める際の鉄則！

04

新しいことをはじめるなら、何かを捨てること

試験勉強の世界では、その試験の日までに、合格するための能力をつけて挑まなければならず、一発合格するために勉強できる期間も、時間についても限りがあって、絶対に延長することができなかったわけです。

試験というものは、決められた短い時間のなかで、たくさんの作業をこなしたり、見たことがない問題に対応したりすることが求められます。

難しい試験であればあるほど、いろいろな知識を素材に、筋道を立てて考える力や、正確で迅速な事務処理能力が問われます。

そして、その試験に、合格できるようになるということは、時間的に効率よく作業を済ませる方法を真剣に考え、時間に対する感覚をつけることができるということです。

試験問題を解く場合でも、先にできることをやって、残りの時間で難易度が高い問題をできる限り解く。ひとつの問題にかかわって先に進めないという時間を無駄にすることを

避けることができ、同じ時間内に多くの問題をこなすことができるという能力もつきます。

そして、その試験に合格するためには、捨てる勉強法によって、どのような力が必要か、何が自分に足りないか、それをつけるにはどうすればよいかを割り出さなければなりません。

また、その力をつけるための計画を決めて、それをちゃんと実行する力が必要ということです。

ですから、**捨てる勉強法**をマスターして、**価値のある資格試験に合格するということは、それだけのスキルが身についている証明**でもあるのです。

合格する前と、あとでは格段に能力がアップしていることになります。

そもそも試験勉強というものは、無駄な能力を伸ばすことでは決してありません。試験勉強に強くなる能力をつければ、人生で突き当たると考えられる、あらゆる課題に立ち向かい、**成功を収めるための基礎力を伸ばすためのもの**であると考えることもできるのです。

ですから、その後の、およそ社会生活や日常生活を営むことのすべてに役立つことになるのです。

どんなことをする時にも、筋道を立てて考える力や、やるべきことがたくさんある時に効率よく短い時間で対応できるという能力。

こういった能力が高まるだけでも、この捨てる勉強法は、いいこと尽くめです。

そして9割の人を出し抜き、1割に入らなければならない試験というのは、いわば長い人生において達成が困難なことのひとつにすぎません。

だからこそ、この勉強法で、**試験に合格した経験**は、まったく**新しいことに挑戦する時であっても必ず役立つ**のです。

新しい別の試験に挑戦する、新しい仕事をはじめる、大変なこと、いかなる困難に立ち向かう時でも、すでに合格した価値のある試験勉強の手順と同じです。必要なことは何かをしっかり逆算して考え、無駄を徹底的に排除して、気持ちのうえで割り切ります。これこそが、人生のあらゆる場面で、**1割に入るような成功**に近づけられる方法なのです。

捨てる勉強法の手順は、さまざまな挑戦にも応用できる！

05

宅建試験のトリックも、「捨てる勉強法」で合格できる？

宅建試験というものを知っていますか？

この資格については、あなたも一度くらい耳にしたことがあるのではないかと思います。

もともとは昭和33年に、当時の建設省（現国土交通省）が、宅地建物の公正な取引が行われることを目的として創設した資格で、バブルの頃なんかは、受験者が40万人を越える超人気の国家資格でした。

では、今現在ではどうなのかというと、受験者数は毎年20万人。

法律系国家資格としては、いまだに人気および受験者数、ナンバーワンです。

そして、いままでは宅地建物取引主任者資格試験という名称だった試験も、平成27年の10月の試験から、**宅地建物取引士資格試験にリニューアルされました。**これは、主任者という国家資格者を、取引士とすることで、弁護士や司法書士みたいに「士」と呼ばれる専門性の高い国家資格ということになり、この**資格が士業の仲間入り**をしたのです。

宅建と聞くと、不動産に関係する資格だから、役に立たないんじゃないのと思う方もいるかもしれません。しかし、不動産業に限らず、不動産を担保に融資を行う銀行といった金融機関、住宅に関する火災や地震を扱う保険会社、あるいは一般企業での不動産に関連する業務、小売業や外食産業などの幅広い分野で、じつは必要とされている資格なのです。そうでもなければ、**毎年20万人も受験する**わけがありません。

さらに、たとえば「土地を買おう」「建物を買おう」と思われたとします。この決意は多くの人にとっては一生に一度の覚悟といっても過言ではないわけです。

土地や建物は、衣食住の一角を占め、生きていく上で必要不可欠な財産といえます。そして、不動産価格はいうまでもなく非常に高価です。したがって、生じるトラブルも深刻なものとなり、一度トラブルが生じれば、自分自身のみならず、家族にも迷惑をかけてしまいます。逆に、知識があれば、そういったことにはならないわけです。

試験については、法律のことから税金、建築のことまで幅広く、極端にいえば、毎日の生活に近いところでのルールが学べる試験でもあるため、人気が高いのです。

もちろん、この試験についても、合格できる人はわずか10%前後となっており、たとえば、平成27年度の試験においても、約24万3千人が受験を申し込み、合格者は約3万人。

したがって、申し込み者から計算した、合格率はたった12%程度、つまり、東京ドーム4つが満席になる約21万3千人が不合格者。このように、国家資格になると、約90%が不合格という結果となってしまうのです。

もしも、あなたが今目指している試験に、この勉強法をマスターすることで、合格したのならば、次に**是非とも宅建を受験してみてください。**書店に行けば、かなりの種類の教材が置かれています。

本書でお伝えした方法で選び、国家資格のダブルライセンスを狙ってみてはいかかでしょうか？

リニューアルはされたものの、この試験はすでに50年以上もおこなわれています。

この試験の受験料は7千円となっていますから、国としては、**毎年14億円以上も入ってくる事業**です。だから、今後、絶対にといってもおかしくないぐらい、**なくなるはずがない資格試験**ということになります。

捨てる勉強法で、ダブルライセンスも狙える！

06

合格だけで満足せず、さらなる目標を掲げる

捨てる勉強法を使わずに合格した人というのは、合格しただけで満足してしまい、まるで微笑みながら「燃えたよ、燃え尽きた、真っ白になっ！」というように、それでおしまいという人もいます。

それでは、せっかく価値のある試験に合格しても、勉強をしてきた時間とお金、手間、合格したこと自体も無駄ということにもなりかねません。

そういう人を見てしまうと、それこそ「立つんだ、ジョー！」と無性に叫びたくなってしまいます。

こういう試験の合格だけに限ることではありませんが、それなりに長く会社を経営していれば、新卒にしても中途にしても、従業員を採用していくことになります。今までも、そういった従業員のなかには、私からすれば何を考えて生きているのだろうと思う人がいました。

もう辞めた人ではありますが、なかなか定職につけず、苦労していた学生時代の友人を、うちで手伝うように声をかけたことがありました。

真面目に4年近く、よく働いてくれていましたが、彼にとっては、私への感謝ということだけで、自分自身の人生の目標をまったく持っていない人でした。

彼が辞めたあとに人から聞いた話だと、コックピットに乗り込んで操縦するガンダムのゲームが好きだったようで、仕事が終わると毎日のようにレベルを上げるためにゲームセンターに通い、給料のほとんどをつぎ込んでいたそうです。

「どうせつまらない人生ならば、今ぐらい楽しみたい」ということを口癖にしていたそうです。

どうせも何も、そういう人生にするかどうかは、自分が決めることとです。それは、自分でしか決められないことでもあるのです。

さらに、つまらないというならば、そうならないように、**自分の人生を自分で切り開けばいいだけのこと**です。もし本当に、誇りある生き方をとり戻したいと思っていたならば、見たくない現実であっても見なければならないのです。

そして、それこそ、深い傷を負う覚悟を持って、前に進んで切り開くぐらいでなければならないと思います。

もちろん簡単なことではありませんが、そのためには必ず目標も持つべきです。もしかすると、その彼にしてみれば、ゲームのレベルを上げることが、唯一の目標だったのかもしれません。ガンダムだけに燃え上がっていたのかもしれませんが、きっとどこかで自分自身の目標をあきらめてしまっていたからだろうとも思えます。いってしまえば、うちの会社で、もともと仕事がしたいという目標があったわけではなかったかもしれません。

だからといって、自分の人生をよく生きるためには、自分自身の能力が高まるように目標を探すことも必要です。さらに**目標というのは、常に高く持つべき**だと思います。

そして、その目標を達成するためには、自分ならできると信じることです。自信がある人のほうが、自信のない人よりも目標を達成しやすいもの。これは突き詰めてしまえば、絶対に**自分の人生をよくするという自信が持てるくらいの努力**をしましょうということでもあります。

あきらめは、人生においての最大の敵なのです。

そういえば、私が高校生の時、陸上部でとても努力家の友人からこんな話を聞きました。

100メートル走でゴールラインを目指して走ってしまうと、なぜかゴール手前で力が抜けてしまうため、いい記録を出すためには、あらかじめ本来のゴールラインよりも先を目指して走ればいいという話です。

これも目標という、いわば天井ができてしまうことで、その範囲内でしか力を発揮できないということや、どこかであきらめてしまう気持ちが出てしまうということなのかもしれません。

だから試験に合格することだけを目標とするのではなく、その試験の**合格の先にある「何か」を大きな目標として掲げる**ようにしておくことも必要なことです。それはもちろん合格した後でもかまいません。人の脳は、目標が明確でないと意欲が湧いてきませんから、必ず新しい目標を決めてください。

合格は次の目標に向けてのスタートにもなるものなのです。

合格した後の目標も早いうちに考えておきましょう。

人生をよりよくするために、常に大きな目標は掲げておく！

おわりに

本書を最後まで読んでいただき、本当にありがとうございました。

ここまで読まれたあなたは、

・『捨てる勉強法』がいかに効率がいい方法であるか

・どのように勉強すれば一発合格をつかみとることができるのか

理解していただけたのではないかと思います。

特に本書では、これまで何度も繰り返し述べてきたことですが、一発合格するための方法、合格に必要なものは何かをしっかり**逆算して考え、無駄を徹底的に排除する**ことです。それをベースにあなたが、いかに短期間で一発合格するかという点について重点をおいて書きました。

しかし、あくまでも私が受講生に向けていつも指導していることが書いてあるにすぎません。

私の多くの受講生が、一発合格できているのは、実際に講義を受講して、実際の行動をしたからに他ならないのです。これと同じく、いくら勉強法が書かれている本を読みあさったとしても、実際に行動につなげなければ意味はありません。

当然ながら本書を、読んだだけでは合格することはできません。

ですから、**『捨てる勉強法』は、行動に移してこそ初めて合格できるようになるものなのです。**

あとは、あなたが目指す試験に合格するために、実際に効率よく、勉強をしていくだけで合格を勝ちとることができます。

本書を読んだ人がひとりでも多く合格して、喜びにあふれた笑顔になることを祈っています。

最後に本書を書くにあたってお世話になった人たちにお礼をしたいと思います。

本書を出版するチャンスを与えていただいた明日香出版社の石野栄一社長には深く感謝を申し上げます。

さらに、本書が生まれるきっかけをつくっていただいたナミキ商事株式会社の並木達也社長、企画案に対して多くのアドバイスをしていただいた弁護士の間川清くん、そして全力かつ丁寧に編集作業にあたっていただいた編集部の古川創一さん、皆様の尽力がなければ本書が世に出ることはありませんでした。あらためてお礼を申し上げます。

そして何よりも、最後まで本書を読まれたあなたへの最大限の感謝の思いとともに、筆を置かせていただきます。

本当にありがとうございました。

平成28年1月

並木 秀陸

■著者略歴

並木　秀陸（なみき・ひでたか）

ナルミナスキャリア株式会社代表講師、特定社労士。

サラリーマンから一念発起し、司法試験を目指すも、予備校の講義の質の低さに失望し、独学を余儀なくされる。独自の勉強法を編み出し、司法書士をはじめ、行政書士、社労士、宅建試験などの多くの国家資格（マンション管理士・管理業務主任者・貸金業務取扱主任者・FP 技能士）に短期間で一発合格を果たす。

これまで質の低い予備校の講義をたくさん受けたという苦い経験から、「受講生には受講料以上の成果を手にしてもらい、その喜びを味あわせたい」という情熱を持つようになり、大手予備校の講師となる。

講師業務 15 年以上にわたり、受講者は延べ 17 万人を超え、講義時間は年間 1,500 時間以上、通算 1 万 8,000 時間以上の経験を持ち、毎年多数の合格者を輩出している。「強気で一見高飛車な態度、しかし思いやりのある指導」「わかりやすい講義内容」「出題傾向をズバリ押えた問題予測の正確さ」が評判を呼んでいる。

また、自ら合格した資格を無駄にしないように、うまく活用しながら特定社労士として事務所、株式会社、社団法人を経営。

本書の内容に関するお問い合わせ

明日香出版社　編集部

☎(03) 5395-7651

捨《す》てる勉強法《べんきょうほう》　試験《しけん》は参考書《さんこうしょ》の３割《わり》で一発合格《いっぱつごうかく》できる！

2016 年　3 月　18 日　初版発行

著　者　並《なみ》　木《き》　秀《ひで》　陸《たか》

発行者　石　野　栄　一

明日香出版社

〒112-0005 東京都文京区水道 2-11-5

電話 (03) 5395-7650（代 表）

(03) 5395-7654（FAX）

郵便振替 00150-6-183481

http://www.asuka-g.co.jp

■スタッフ■　編集　早川朋子／久松圭祐／藤田知子／古川創一／余田志保／大久保遥

営業　小林勝／奥本達哉／浜田充弘／渡辺久夫／平戸基之／野口優／横尾一樹／田中裕也／関山美保子　総務経理　藤本さやか

印刷　株式会社文昇堂

製本　根本製本株式会社

ISBN 978-4-7569-1824-6 C2036

編集担当　古川創一